丛书系国家社科基金重大招标项目《中国共产党百年奋斗中坚持敢于斗争经验研究》（项目编号：22ZDA015）阶段性成果。

奋力建设现代化新广东研究丛书

中山大学中共党史党建研究院　编　张　浩　丛书主编

广东现代化建设的动力研究

胡　莹　钟远鸣　主编

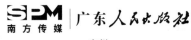

广东人民出版社

·广州·

图书在版编目（CIP）数据

广东现代化建设的动力研究 / 胡莹，钟远鸣主编.
广州：广东人民出版社，2024.8.（奋力建设现代化新广东研究丛书）. -- ISBN 978-7-218-17737-3

Ⅰ.D676.5

中国国家版本馆CIP数据核字第2024VC3029号

GUANGDONG XIANDAIHUA JIANSHE DE DONGLI YANJIU

广东现代化建设的动力研究

胡 莹 钟远鸣 主编

出 版 人：肖风华

出版统筹：卢雪华
策划编辑：曾玉寒
责任编辑：伍茗欣 李宜励
责任校对：吴丽平
装帧设计：广大迅风艺术 刘瑞锋
责任技编：吴彦斌

出版发行：广东人民出版社
地 址：广州市越秀区大沙头四马路10号（邮政编码：510199）
电 话：（020）85716809（总编室）
传 真：（020）83289585
网 址：http://www.gdpph.com
印 刷：广州市豪威彩色印务有限公司
开 本：787mm×1092mm 1/16
印 张：13.75 字 数：245千
版 次：2024年8月第1版
印 次：2024年8月第1次印刷
定 价：62.00元

如发现印装质量问题，影响阅读，请与出版社（020-85716849）联系调换。
售书热线：（020）87716172

奋力建设现代化新广东研究丛书
编委会

主　编：张　浩

编　委：王仕民　詹小美　刘　燕　袁洪亮

　　　　龙柏林　胡　莹　罗嗣亮　石德金

　　　　万欣荣　廖茂忠　史欣向

▶ 总　序

　　古代广东处于中国大陆的最南端，南有茫茫大海、北有五岭的重重阻隔，且远离中国的政治经济文化中心。然而，近代以来，广东却屡开风气之先。广东是反抗外国侵略的前哨，同时又是外国新事物传入中国的门户，地处东西文明交流的前沿，一直扮演着现代化先行者的角色。许多重大历史事件和著名历史人物不约而同和广东联系在一起，使广东在整个近代中国居于一种特殊的地位。中国近代史的第一页就是在广东揭开的。两次鸦片战争都在广东发生，西方国家用大炮打开中国大门，首先打的是广东。而中国人民反抗外国侵略的斗争，也首先是从广东开始的。众所周知，1840年英国侵略者以林则徐在广东虎门销烟为由，发动侵略中国的鸦片战争，这是中国近代史开端的标志。作为近代中国人民第一次反侵略斗争的三元里抗英斗争即发生在广东，因此广东成为中国反对外来侵略的前沿阵地。广东也产生了一大批在中国乃至世界上都有影响力的思想家、革命家。他们站在时代的前列，探索救国救民的真理，投身于救国救民的运动，推动和影响了近代中国发展的历史进程。毛泽东在《论人民民主专政》一文中谈到近代先进的中国人向西方寻求救国真理，他举出四个代表人物，即洪秀全、严复、康有为和孙中山，这四个人中有三个是广东人。从洪秀全领导的太平天国起义，到康有为等人领导的维新运动，这些广东仁人志士对救国良方的寻觅，都推动了中国早期的现代化进程。特别是孙中山先生在《建国方略》中曾对中国现代化景象作出过天才般的畅想。然而，遗憾的是，由于没有先进力量的领导、没有科学理论的指导，民族独立无法实现，现代化也终究是水月镜花。

1921年7月，中国共产党的诞生，是开天辟地的大事变，标志着中国的革命事业有了主心骨、领路人。广东是大革命的策源地、中国共产党领导革命斗争的重要发源地之一、中国共产党探索革命道路的核心区域之一和全国敌后抗日三大战场之一。革命战争年代，广东英雄人物辈出，其中陈延年、张太雷、邓中夏、蔡和森、张文彬等人为中国革命献出了宝贵生命；彭湃烧毁自家田契，领导了海陆丰农民运动，为人民利益奋斗终身；杨殷卖掉自己广州、香港的几处房产，为革命事业筹集经费，最后用生命捍卫信仰……这些铮铮铁骨的共产党人用生命为民族纾困，为国家分忧。总之，广东党组织在南粤大地高举革命旗帜28年而不倒，坚持武装斗争23年而不断，为中国新民主主义革命的胜利作出了巨大的贡献，从而为现代化事业发展准备了根本条件。

新中国成立后，广东砥砺前行，开始了探索建设社会主义现代化的伟大实践。在"四个现代化"宏伟目标的指引下，中共广东省委带领广东人民以"敢教日月换新天"的勇气和斗志，发展地方工业，完成社会主义改造，建立起社会主义基本制度，拉开大规模社会主义建设的序幕。此后，广东又在国家投资支援极少的情况下，自力更生建立了比较完整的工业体系和国民经济体系。这一时期，全省兴建了茂名石油工业公司、广州化工厂、湛江化工厂、广州钢铁厂以及流溪河水电站、新丰江水电站等骨干企业，改组、合并和新建了200多家机械工业企业，工农业生产能力明显增强。这一时期，广东社会主义现代化建设事业经过长期而艰苦的实践探索，在农业、工业、科学技术等方面取得了一系列突出成就，为推进社会主义现代化奠定了坚实的物质基础。

党的十一届三中全会以来，广东充分利用中央赋予的特殊政策和灵活措施，在改革开放中先行一步，走出了一条富有广东特色的现代化发展路径。广东大胆地闯、大胆地试，以"敢为天下先"的历史担当和"杀出一条血路"的革命精神，带领全省人民解放思想，在改革开放探索中先行一步。"改革开放第一炮"作为"冲破思想禁锢的第一声春雷"响彻深圳蛇口上空，"时间就是金钱，效率就是生命"的口号传遍祖国大地。在推进经济特区建设、经济体制改革，发展外向型经济，率先建立社会主义市场经济体制的过程中，广东以改革精神破冰开局，实现了第一家外资企业、第一个出口加工区、第一张股票、第一批农民工、第一家涉外酒店、第一个商品房小区等多个"第一"；探索出"前店后厂""三来一补""外向带动""腾笼换鸟、造林引凤""粤港澳合作"等诸多创新之路。相关数据显示，至2012年，城乡居民人均可支配收入分别为30226.71元和10542.84元；城镇化水平达67.4%，人均预期寿命提高到76.49岁，高等教育毛入学率超过32%。作为改革开放的先行地，广东还贡献了现代化的创新理念、思路和实践经验。"珠江模式""深圳速度""东莞经验"等在全国产生了巨大影响，为探索中国特色社会主义现代化道路贡献了实践模板。总之，改革开放风云激荡，南粤大地生机勃勃，广东人民生活已经实现从温饱到总体达到小康再到逐步富裕的历史性跨越，为基本实现现代化打下了良好的基础。

党的十八大以来，中国特色社会主义进入新时代。习近平总书记对广东全面深化改革、全面扩大开放、深入推进现代化事业高度重视，先后在改革开放40周年、经济特区建立40周年、改革开放45周年等重要节点到广东视察，寄望广东"继续在改革开放中发挥窗口作用、试验作用、排头兵作用"，勉励广东"继续全面深化改革、全面扩大开放，努力创造出令世界刮目相看的新的更大奇迹"，要求广东"以更大魄力、在更高起点上推进改革开放", 嘱托广东在新征程上要"在全面深化改革、扩大高水平对外开放、提升科技自立自强能力、建设现代化产业体系、促进城乡区域协调发展等方面继续走在全国前列, 在推进中国式现代化建设中走在前列", 这为广东推动改革开放和社会主义现代化向更深层次挺进、更广阔领域迈进指明了方向。在以习近平同志为核心的党中央的亲切关怀和坚强领导下, 广东高举习近平新时代中国特色社会主义思想伟大旗帜, 坚持改革不停顿、开放不止步, 进一步解放思想、改革创新, 进一步真抓实干、奋发进取, 不断开创广东现代化建设新局面。广东立定时代潮头, 坚持改革开放再出发, 勇当中国式现代化的领跑者。广东以习近平总书记对广东的重要讲话和重要指示批示精神统揽工作全局, 加强对中央顶层设计的创造性落实, 不断围绕服务国家重大战略贡献长板、担好角色, 以全面深化改革为鲜明导向, 纵深推进粤港澳大湾区、深圳先行示范区建设, 推动横琴、前海、南沙三大平台稳健起步, 实现了经济平稳较好发展和社会和谐稳定, 确保经济、政治、文化、社会、生态文明建设"五位一体"统筹推进, 在经济高质量发展、文化强省建设、法治广东建设、生态文明建设以及民生事业发展等方面取得具有历史意义的新成就。2023年广东GDP达到13.57万亿元, 经济总量连续35年全国第一, 区域创新综合能力连续7年全国第一, 规上工业企业超7.1万家, 高新技术企业超过7.5万家, 19家广东企业进入世界500强, 超万亿元、超千亿元级产业集群分别达到8个和10个, "深圳—香港—广州"科技集群位居全球前列, 建成国际一流的机场、港口、公路及营商环境, 新质生产力发展势头良好, 这为广东在推进中国式现代化建设中走在前列奠定了坚实的物质基础。

中国式现代化前途光明, 任重道远。广东是东部发达省份、经济大省, 以占全国不到2%的面积创造了10.7%的经济总量, 在中国式现代化建设的大局中地位重要、作用突出，完全能够在现代化建设、高质量发展上继续走在全国前列。

促发展争在朝夕，抓落实重在实干。为了更好落实"在推进中国式现代化建设中走在前列"这一习近平总书记对广东的深切勉励、殷切期望和战略指引，2023年6月20日，中共广东省委十三届三次全会作出"锚定一个目标，激活三大动力，奋力实现十大新突破"的"1310"具体部署。这是紧跟习近平总书记、奋进新征程的坚定态度和郑重宣示，是把握大局、顺应规律、立足实际的科学布局，是推进中国式现代化的广东实践的施工图、任务书。时间不等人、机遇不等人、发展不等人。唯有大力弘扬"闯"的精神、"创"的劲头、"干"的作风，一锤一锤接着敲、一件一件钉实钉牢，才能把蓝图变为现实，推动广东在推进中国式现代化建设中走在前列。

岭南春来早，奋进正当时。2024年2月18日是农历新春第一个工作日，继去年"新春第一会"之后，广东再度召开全省高质量发展大会，这次大会强调"接过历史的接力棒，建设一个现代化的新广东，习近平总书记、党中央寄予厚望，父老乡亲充满期待，我们这代人要有再创奇迹、再写辉煌的志气和担当，才能不辜负先辈，对得起后人"，吹响了奋力建设一个靠创新进、靠创新强、靠创新胜的现代化新广东的冲锋号角，释放出"追风赶月莫停留、凝心聚力加油干"的鲜明信号。向天空探索、向深海挺进、向微观进军、向虚拟空间拓展，广东以"新"提"质"，以科技改造现有生产力，积极催生新质生产力，不断增强高质量发展的"硬实力"。观大局、抓机遇、行大道，广东作为经济大省、制造业大省，不断筑牢实体经济为本、制造业当家的根基，持续推动高质量发展，必将创造新的伟大奇迹。

2024年7月15日至18日，中国共产党第二十届中央委员会第三次全体会议在北京举行。党的二十届三中全会是在新时代新征程上，中国共产党坚定不移高举改革开放旗帜，紧紧围绕推进中国式现代化进一步全面深化改革而召开的一次十分重要的会议。全会审议通过的《中共中央关于进一步全面深化改革、推进中国式现代化的决定》，深入分析推进中国式现代化面临的新情况新问题，对进一步全面深化改革作出系统谋划和部署，既是党的十八届三中全会以来全面深化改革的实践续篇，也是新征程推进中国式现代化的时代新篇，擘画了进一步全面深化改革的蓝图，发出了向改革广度和深度进军的号令。广东全省上下要闻令而动，积极响应党中央的号召，全面贯彻落实党的二十届三中全会各项部署，以走在前列的担当进一步全面深化改革，扎实推进中国式现代化的广东实践。要围绕强化规则衔接、机制对接，把粤港澳大湾区建设作为全面深化改革的大机遇、大文章抓紧做实，携手港澳加快推进各领域联通、贯通、融通，持续完善高水平对外开放体制机制，依托深圳综合改革试点和横琴、前海、南沙、河套等重大平台开展先行先试、强化改革探索，努力创造更多新鲜经验，牵引带动全省改革开放向纵深推进。要围绕构建新发展格局、推动高质量发展，进一步深化经济体制改革，着眼处理好政府和市场的关系，加快构建高水平社会主义市场经济体制；着眼发展新质生产力，健全推动经济高质量发展体制机制；着眼补齐最突出短板，健全促进城乡区域协调发展的体制机制，更好激发广东发展的内生动力和创新活力。要围绕推进高水平科技自立自强，加快构建支持全面创新体制机制，深化教育综合改革、科技体制改革、人才发展体制机制改革，打通创新链、产业链、资金链、人才链，着力提升创新体系整体效能。要围绕提升改革的系统性、整体性、协同性，统筹推进民主、法治、文化、民生、生态等各领域改革，确保改革更加凝神聚力、协同高效。要围绕构建新安全格局，扎实推进国家安全体系和能力现代化，全面贯彻总体国家安全观，加强国家安全体系建设，完善公共安全治理机制，持续加强和创新社会治理，切实保障社会大局平安稳定。要围绕提高对进一步全面深化改革、推进中国式现代化的领导水平，切实加强党的全面领导和党的建设，始终坚持党中央对全面深化改革的集中统一领导，深化党的建设制度改革，健全完善改革推进落实机制，充分调动广大党员干部抓改革、促发展的积极性、主动性、创造性，以钉钉子精神把各项改革任务落到实处。

站在新的历史起点上，回望我们党领导人民夺取革命、建设、改革伟大胜利的光辉历程和广东取得的举世瞩目的发展成就，眺望强国建设、民族复兴的光明前景和广东现代化建设的美好未来，我们更加深刻感到，改革开放必须坚定不移，广东靠改革开放走到今天，还要靠改革开放赢得未来；更加深刻感到，改革开放需要群策群力，进一步全面深化改革，每个人都不是局外人旁观者，都是参与者贡献者；更加深刻感到，改革开放务求真抓实干，中国式现代化是干出来的，伟大事业都成于实干。岭南处处是春天，一年四季好干活。全省上下要从此刻开始，从现在出发，拿出早出工、多下田、干累活的工作热情，主动投身到进一步全面深化改革的宏伟事业中来，以走在前列的闯劲干劲拼劲，推动改革开放事业不断取得新进展新突破，推动高质量发展道路越走越宽，让创新创造社会财富的活力竞相迸发、源泉充分涌流，奋力建设好现代化新广东，切实推动广东在推进中国式现代化建设中走在前列，为强国建设、民族复兴作出新的更大贡献！

在中华人民共和国成立75周年、中山大学建校100周年之际，中山大学中共党史党建研究院组织专家撰写的《奋力建设现代化新广东研究丛书》的出版，具有重要的政治意义和纪念意义。同时，这套丛书也是国家社科基金重大招标项目《中国共产党百年奋斗中坚持敢于斗争经验研究》（项目号：22ZDA015）的阶段性成果，丛书的出版也有一定的学术意义。

希望这套丛书在深化对党的二十大精神和习近平总书记视察广东重要讲话、重要指示精神如何在岭南大地落地生根、结出丰硕成果的研究阐释方面立新功，在深化对广东推进中国式现代化的创新举措和发展经验研究方面谋新篇，在推动中山大学围绕中央和地方经济社会发展需要开展对策研究和前瞻性战略研究方面探新路。

是为序。

中山大学中共党史党建研究院

2024年8月

目
CONTENTS
录

1 第一章
经济社会发展的动力

第二章

"三大动力"是广东最鲜明的标识

3

第三章
激活广东现代化建设的改革动力

4

第四章

激活广东现代化建设的开放动力

第五章
激活广东现代化建设的创新动力

6 第六章
以改革开放创新推进广东现代化建设

经济社会发展的动力

CHAPTER1

经济社会发展是一个复杂而多维的过程，它受到多种因素的影响和推动。在这个过程中，社会基本矛盾运动被视为社会发展的根本动力，社会基本矛盾运动始终贯穿于中国经济社会发展的始终。中国共产党对我国社会基本矛盾的认识则在引领国家发展方向中发挥着关键作用，中国式现代化是解决我国社会基本矛盾的时代选择。中国式现代化作为中国特色社会主义发展的重要路径，其经济发展动力机制是以高质量发展为导向的改革动力、以高水平开放为引领的开放动力以及以破解"卡脖子"问题为目标的创新动力。通过对经济社会发展动力机制的探究，我们可以更好地理解经济社会发展的本质和动力，为未来的社会进步提供有力的参考与启示。

▼ 第一节 社会基本矛盾运动是社会发展的根本动力

社会基本矛盾理论是马克思历史唯物主义的主要内容，是对人类历史发展规律及发展动力的根本探寻和解答，是理解全部经济社会发展奥秘的一把钥匙。生产力与生产关系、经济基础和上层建筑这两对矛盾及其运用构成人类社会的基本矛盾，推动着人类经济社会向前发展。社会基本矛盾运动在整个社会变革中起重要作用。在劳动发展史中，马克思、恩格斯找到了理解全部社会史的钥匙，人类为了生存，必须满足其基本物质生活需求，必须进行劳动和生产，生产方式是人们运用生产资料进行生产活动以保证自己生活需要的方式，是社会发展的决定力量。生产方式是生产力与生产关系的统一，内含生产力和生产关系的矛盾以及在此基础上形成的经济基础及上层建筑的矛盾。马克思通过生产方式及其发展过程阐释一定社会经济结构的特征以及矛盾运动规律，并明确指出"物质生活的生产方式制约着整个社会生活、政治生活和精神生活的过程"①。生产力与生产关系、经济基础与上层建筑这两对矛盾的相互作用与运动推动了人类社会由低级形态向高级形态发展，是人类社会发展的根本动力。

一、生产力是决定社会发展的最终力量

解决社会基本矛盾的根本途径是解放和发展生产力，生产力是决定社会发展的最终力量，生产力的发展是"社会进步的最高标准"②，是"整个社会发展的主要标准"③。马克思在分析人类劳动生活中发现了理解全部社会历史发展的钥匙，并将直接生活的物质生产作为新的历史观的立足点。"人们的生活自古以来就建立在生产上面，建立在这种或那种社会生产上面。"④人类为了生存就要消费物质资料，要消费物质资料，就需要向自然索取，从事各种各样的生产活动，所有的这些现实存在必须从具体的物质生产出发。"因此第一个历史活动就是生产满足这些需要的资料，即生产物质生活本身。"⑤除此之外，马克思还指出"已经得到满足的第一个需要本身、满足需要的活动和已经获得的为满足需要而用的工具又引起新的需要，而这种新的需要的产生是第一个历史活动"⑥。换句话说，在满足人类基本的物质生存需求的同时，随着生产力的不断发展，也会产生新的需求，从而推动社会生产力的不断提升。马克思把整个人类社会划

---

① 《马克思恩格斯文集》第2卷，人民出版社2009年版，第591页。
② 《列宁全集》第16卷，人民出版社2017年版，第209页。
③ 《列宁全集》第41卷，人民出版社2017年版，第72页。
④ 《马克思恩格斯文集》第8卷，人民出版社2009年版，第139页。
⑤ 《马克思恩格斯文集》第1卷，人民出版社2009年版，第531页。
⑥ 《马克思恩格斯文集》第1卷，人民出版社2009年版，第531—532页。

分为对人的依赖的最初社会形态、对物的依赖的社会形态以及个人全面发展的社会形态。"人的依赖关系（起初完全是自然发生的），是最初的社会形式。在这种形式下，人的生产能力只是在狭小的范围内和孤立的地点上发展着。……建立在个人全面发展和他们共同的、社会的生产能力成为从属于他们的社会财富这一基础上的自由个性，是第三阶段。第二个阶段为第三个阶段创造条件。"①如果说马克思是从人的发展向度来划分人类社会三大形态，那么生产力的发展程度则是一条暗线把三大形态都贯联起来，把其他的相关内容也一起联系起来。生产力发展标准始终贯穿于三大社会形态之中，并为其发展奠定基础。

关于"生产力"的界定，马克思跟以往的学者特别是古典经济学家所做出的定义不同，具有自身的特点。所谓的"生产力"即社会生产力，既包含物的因素也包含人的因素，是在劳动过程中结合在一起和共同起作用的生产的物的因素与人的因素的总体能力，是指人类在自然的物质变换过程中，把自然物改造成适合人类需要的物质资料的力量。从马克思主义发展史来看，马克思关于生产力的论述大致从两个视角展开，第一个视角是从唯物史观的视角探究了整个人类社会的生产力发展历史进程；第二个视角则是从政治经济学视角展开，将资本主义社会看作是人类社会发展的一个特殊阶段，深入考察当时资本主义社会的生产力发展状况。其中，马克思在《德意志意识形态》中提道："一定的生产方式或一定的工业阶段始终是与一定的共同活动方式或一定的社会阶段联系着的，而这种共同活动方式本身就是'生产力'。"②马克思、恩格斯将生产力归结为人与自然的关系，强调它的客观性及其在历史发展中的基础作用，并具体分析了生产力的构成要素。

---

① 《马克思恩格斯文集》第8卷，人民出版社2009年版，第52页。
② 《马克思恩格斯文集》第1卷，人民出版社2009年版，第532—533页。

　　"任何一个民族，如果停止劳动，不用说一年，就是几个星期，也要灭亡，这是每一个小孩子都知道的。"①生产作为人类最为重要的实践活动，对人类社会的生存与发展具有奠基性作用。生产力的高度发展是实现未来共产主义社会的前提和基础，只有生产力得到充分发展，才能建设共产主义社会。共产主义社会的首要特征是实现人的自由而全面的发展，只有在生产力高度发展、人们摆脱了贫困状态、物质生活需要得到充分满足时，才能谈得上人的自由而全面的发展。生产力实现充分的发展使人们之间的普遍交往成为可能，在人们普遍交往的状态下生产力的高度发展实现有效运转，创造出更高水平的生产力。在高度发展的生产力与人们实现普遍交往的基础上推动世界历史的进程，原本处于地域性的个人转变成处于世界历史的个人。马克思、恩格斯认为共产主义运动具有世界历史性，其实现的可能必须建立在生产力的普遍发展基础之上，这体现了历史唯物主义与科学社会主义之间的有机联系，体现了社会生产对每一个时期的社会历史发展都具有基础性作用。

　　生产力是衡量经济社会发展进步的根本标准。毛泽东指出："中国一切政党的政策及其实践在中国人民中所表现的作用的好坏、大小，归根到底，看它对于中国人民的生产力的发展是否有帮助及其帮助之大小，看它是束缚生产力的，还是解放生产力的。"②发展社会生产力是马克思主义的基本原则，是中国特色社会主义经济发展的基础。回顾改革开放四十多年中国特色社会主义经济建设的实践、经济体制改革和经济关系变革的实质，不论是"伟大成就"还是"基本经验"，都是以"解放和发展社会生产力"为内容和特征的。正如邓小平所说："社会主义制度优越性的根本表现，就是能够允许社会生产力以旧社会所没有的速度迅速发展，使人民

---

① 《马克思恩格斯文集》第10卷，人民出版社2009年版，第289页。
② 《毛泽东选集》第3卷，人民出版社1991年版，第1079页。

不断增长的物质文化生活需要能够逐步得到满足。"①坚持把解放和发展社会生产力作为社会主义的本质和根本任务，是中国特色社会主义政治经济学的主线。坚持解放和发展社会生产力，是经济体制的出发点，是改革开放的历史起点，也是中国特色社会主义政治经济学形成的逻辑起点。

创新是引领发展的第一动力，是推动经济增长的核心动力，是推动国家繁荣和社会进步的重要引擎之一。社会生产力发展和劳动生产率提高是促进国家发展的重要因素，只有不断推进科技创新，不断解放和发展社会生产力，不断提高劳动生产率，才能实现经济社会持续健康发展。实施创新驱动发展战略是加快构建中国式现代化经济体系的必然举措。习近平总书记指出，现在我国经济社会发展和民生改善比过去任何时候都更加需要科学技术解决方案，都更需要增强创新这个第一动力。在激烈的国际竞争面前，在单边主义、保护主义上升的大背景下，我们必须走出适合国情的创新路子，特别是要把原始创新能力提升摆在更加突出的位置，努力实现更多"从0到1"的突破。②面对新一轮科技革命和产业变革的时代浪潮，创新成为大国竞争的新赛道。中国正处于加快推进中国特色社会主义现代化、实现"两个一百年"奋斗目标的关键阶段，我们需要通过创新这一动力打造新引擎，实现发展动力从要素驱动向创新驱动转换，加快科技成果向现实生产力转化，为中国未来发展提供强大动力。

在庆祝改革开放40周年大会上，习近平总书记强调，"改革开放40年的实践启示我们：解放和发展社会生产力，增强社会主义国家的综合国力，是社会主义的本质要求和根本任务。只有牢牢扭住经济建设这个中心，毫不动摇坚持发展是硬道理，……才能为坚持和发展中国特色社会主

---

① 《邓小平文选》第2卷，人民出版社1994年版，第128页。
② 习近平：《论科技自立自强》，中央文献出版社2023年版，第238—239页。

义、实现中华民族伟大复兴奠定雄厚物质基础。"[①]中国经济社会发展的历史表明，生产力是决定社会发展的最终力量。通过激发生产力的潜力，中国成功地实现了经济的迅速增长，将其从一个贫穷、落后的国家变成了世界第二大经济体。这个过程不仅改善了数以亿计中国人民的生活水平，也改变了中国在国际舞台上的地位，证明了马克思主义观点的适用性。当然，生产力的发展是社会发展的根本标准，但不是唯一标准，我们在坚持生产力标准的同时不能忘记生产关系的重要性，不能忘记发展生产力的最终目的是实现全体人民共同富裕、促进人的全面发展。

二、生产关系变革是社会发展的推动力量

变革是社会基本矛盾运动的必然产物，是推动社会发展的又一重要动力。"无论哪一个社会形态，在它所能容纳的全部生产力发挥出来以前，是决不会灭亡的；而新的更高的生产关系，在它的物质存在条件在旧社会的胎胞里成熟以前，是决不会出现的。"[②]生产关系作为一种物质交往关系，其核心是人们的经济利益关系，直接决定着其他社会关系的发展，是社会发展的推动力量。在任何社会中，人们的社会生产活动不能是孤立地、单独地进行，必须以一定的方式互相结合起来，在彼此合作中形成的不以人的意志为转移的相互关系即社会生产关系。"人们在生产中不仅仅影响自然界，而且也互相影响。他们只有以一定的方式共同活动和互相交换其活动，才能进行生产。为了进行生产，人们相互之间便发生一定的联系和关系；只有在这些社会联系和社会关系的范围内，才会有他们对自然界的影响，才会有生产。"[③]这是马克思首次从众多社会经济关系中确立

---

① 习近平：《在庆祝改革开放40周年大会上的讲话》，人民出版社2018年版，第31页。
② 《马克思恩格斯文集》第2卷，人民出版社2009年版，第592页。
③ 《马克思恩格斯文集》第1卷，人民出版社2009年版，第724页。

"生产关系"概念并深入阐述了生产关系的社会历史性。所谓的"生产关系"是对人与人之间在生产过程中的地位以及对生产资料的占有等关系形式的抽象概括。生产关系来源于生产过程本身,生产劳动在现实具体的生产关系中得以展开。生产关系所具有的社会性体现在它是生产力的组织或劳动形式。马克思从不断发展的生产力和其制约的不同生产关系两者的关系出发,对生产关系一定适合生产力性质的规律作出经典说明,并指出在社会发展的每一个特定的历史阶段,人类的生产活动只能在一定的生产关系中来考察,才能将社会性与历史性统一起来。

在《哲学的贫困》中,马克思指出:"社会关系和生产力密切相联。随着新生产力的获得,人们改变自己的生产方式,随着生产方式即谋生的方式的改变,人们也就会改变自己的一切社会关系。"[①]社会各个不同发展阶段的生产力的水平和发展要求决定着生产关系的变革。生产关系变革有其特有的运动规律,具有客观性。生产关系是一个复杂的有机系统,包括多方面因素。由于生产力总是处于不断发展和变化之中,本来与之相适应的生产关系会由新到旧,由合适到不合适。社会生产力发展到一定阶段,便同自己的生产关系发生矛盾,生产关系随着生产力的变化而发生变化。"为了不致失掉文明的果实,人们在他们的交往[commerce]方式不再适合于既得的生产力时,就不得不改变他们继承下来的一切社会形式。"[②]当原有的生产关系不再适应生产力发展时,人们会对原有的生产关系进行革新,以适应生产力的发展要求。当生产关系禁锢生产力发展时,必须对生产关系进行彻底的革命,以解放和发展生产力,正如毛泽东所说:"当着不变更生产关系,生产力就不能发展的时候,生产关系的变

---

① 《马克思恩格斯文集》第1卷,人民出版社2009年版,第602页。
② 《马克思恩格斯文集》第10卷,人民出版社2009年版,第43—44页。

更就起了主要的决定的作用。"①当代中国变革的直接对象是束缚生产力发展的旧体制和旧观念。成功的生产关系变革会激发生产者的积极性，为经济发展注入活力，推动社会生产力发展，能够增强各种体制运行的有效性，实现经济社会的稳定发展。

改革开放是当代中国生产关系变革的主要手段，旨在通过变革社会的生产关系来实现社会经济的发展，深刻影响了中国的社会和经济结构，从而推动了社会发展。生产关系变革是改革开放的内在动力，通过变革生产关系，包括减少政府干预、加强私有产权、鼓励市场竞争等方式，可以激发个人和企业的创造力和生产积极性。改革开放的历史经验证明了生产关系变革是社会发展的推动力量。通过改革生产关系，中国解放了生产力的潜力，推动了社会的现代化和经济的快速增长。党的二十大报告强调要"坚持深化改革开放。深入推进改革创新，坚定不移扩大开放，着力破解深层次体制机制障碍，不断彰显中国特色社会主义制度优势，不断增强社会主义现代化建设的动力和活力"②。改革开放是决定当代中国命运的关键抉择，是发展中国特色社会主义、实现中华民族伟大复兴的必由之路。

三、生产力与生产关系的矛盾运动规律

生产力和生产关系是经济社会发展不可分割的两个方面，构成社会的生产方式。马克思恩格斯对社会生产实践的分析，是从生产力与生产关系的分析入手，进而指出生产方式是人类社会发展的根本动力。生产力与生产关系的统一构成社会的生产方式，即社会的经济结构或经济基础。生产力与生产关系的矛盾运动决定着经济基础和上层建筑的矛盾，这是构成社

---

① 《毛泽东选集》第1卷，人民出版社1991年版，第325—326页。

② 习近平：《高举中国特色社会主义伟大旗帜 为全面建设社会主义现代化国家而团结奋斗——在中国共产党第二十次全国代表大会上的报告》，人民出版社2022年版，第27页。

会生产结构的两个最基本的方面。生产力与生产关系、经济基础与上层建筑作为社会基本矛盾，是推动社会发展的基本动力。在《〈政治经济学批判〉序言》中，马克思指出："我们判断这样一个变革时代也不能以它的意识为根据；相反，这个意识必须从物质生活的矛盾中，从社会生产力和生产关系之间的现存冲突中去解释。"①唯物史观的辩证法内含二重性，其中最为重要的体现是生产力与生产关系的辩证统一，即物质内容和社会形式的辩证统一。只有把物质生产活动看作是人类社会的主要实践活动，在物质生产的基础之上运用辩证思维分析生产力与生产关系之间的矛盾运动，才能真正把握经济社会发展的根本动力。

生产力反映的是人与自然之间的关系，生产关系反映的是人与人之间的关系。只有正确理解生产力和生产关系的内涵，了解生产力与生产关系是同一生产过程的两个要素，才能正确把握生产力与生产关系之间的辩证关系。生产力与生产关系是生产方式的两个方面，既相互联系又相互区别。生产力体现的是人（生产主体）与自然之间的关系，其中包括劳动者、劳动资料和劳动对象；生产关系体现的是在生产过程中人与人之间形成的社会关系，其中包括生产资料所有制形式以及人们在生产中的地位和分配方式。生产力是社会发展的最终动力，生产关系是社会发展的轴心，它们相互作用和矛盾运动构成社会基本矛盾的整合机制。前者是生产的物质基础，后者是生产的社会形式，二者共同构成生产的内在矛盾。

生产力和生产关系矛盾运动表现为生产力决定生产关系，生产关系反作用于生产力。生产力是经济社会发展过程的内容，生产关系则是经济社会发展过程的形式，内容离不开形式，形式也离不开内容。在二者的矛盾运动中，生产力居于支配地位，起到决定作用。首先，生产力状况决定生

---

① 《马克思恩格斯文集》第2卷，人民出版社2009年版，第592页。

产关系的性质。一定的生产力生产出一定的社会关系，各种生产关系随着生产力发展需要而产生。生产力的发展决定着生产关系的变革。生产力是生产方式中最活跃、最革命的因素，总是处于不断变化发展之中。这种不断进步的趋势，必然要求变革现有的生产关系。其次，生产关系对生产力具有能动反作用。生产力固然对生产关系起决定作用，但生产关系并不是消极、被动的，也作用于生产力，为经济社会生产提供生产目的。当生产关系适应生产力发展时，其对生产力发展起着极大的推动作用；相反，当生产关系不适应生产力发展要求时，其会限制甚至束缚生产力的发展。总之，生产力与生产关系的相互作用是一个辩证发展的过程，表现为二者的矛盾运动，其本质是生产力与生产关系的矛盾运动规律，这种矛盾运动循环往复推动着社会生产不断发展。两者相互促进、相互转化，推动着经济社会不断进步和发展。忽视生产力或生产关系的作用，都有可能阻碍社会的发展。因此，我们需要准确把握二者之间的关系，使得生产力和生产关系相互协调，共同推动社会的进步和发展。 生产力与生产关系的矛盾运动规律原理对我们进行社会主义现代化建设有着重要的理论指导意义。同时，生产力与生产关系矛盾运动规律也是马克思主义政党制定路线、方针和政策的重要依据。这一原理从物质因素解释人类社会的发展，科学地确立了判断一个社会是否变革的依据必须从社会生产力与生产关系的现存冲突中寻找。

改革、开放、创新是中国近几十年来取得经济社会发展成就的三个关键要素，它们之间形成紧密的关系网，相互作用推动中国的现代化进程。改革是动力源泉，通过改革可以优化资源配置，激活市场活力，提高社会经济效益。开放是改革的需要，开放让改革有了更大的舞台。在内外环境变化莫测的背景下，开放与改革有机融合、开放引导改革的时代特征会更加明显。未来，中国以更高水平的开放引导国内全面深化改革、以高水平开放推动形成改革发展新布局将成为突出亮点。与改革和开放相呼应的是创新。创新是推动经济增长和社会进步的动力之一，在创新的推动下，改革会更加深入以适应经济社会发展新要求，同时改革也为创新提供制度保障。通过自主创新，国家整体竞争力得到提升，推动新兴产业崛起，形成对外开放的新优势。改革、开放、创新之间存在着相互促进的正向良性循环，改革提供了制度基础，开放为创新提供了外部资源和市场，创新则推动了改革和开放的深入，三者相互交融、相互促进，构成了中国式现代化经济的有机整体。中国共产党坚持以经济建设为中心，积极投身改革开放和现代化建设之中，不断制定、修改各种路线、方针和政策，推进理论创新、制度创新和科技创新，消除各种阻碍生产力发展的不利因素，促进生产力的发展，把中国特色社会主义事业不断推向前进。

▼ 第二节　中国共产党对我国社会主要矛盾的认识

问题是时代的声音，社会主要矛盾关注的是每一历史发生时期最亟待解决的社会实践问题。社会主要矛盾是社会基本矛盾的外在表现，是社会基本矛盾在一定历史阶段的具体反映。社会主要矛盾可以随着社会的发展而变化，社会基本矛盾可能在不同方面和层次上得到具体呈现，反映了具体历史时期内的发展要求和人民关切。建党百年来的历史和实践证明，对我国社会发展主要矛盾的分析判断，一直是中国共产党制定符合中国实际的路线、方针和政策的理论前提。自新中国成立以来，我们党对社会主要矛盾的探索经历数次重大判断，生产力标准是我国社会主要矛盾变化的现实依据，人民立场始终是认识我国社会主要矛盾变化的价值依归，实现中华民族伟大复兴是我国社会主要矛盾演变的根本动力。中国共产党的历史是不断认识和判断社会主要矛盾、从胜利走向更大胜利的历史。

一、中国共产党对我国社会主要矛盾变化的判断

社会主要矛盾是在经济社会发展过程的诸多矛盾中占主要位置的矛盾，它贯穿于社会经济发展过程。唯物史观认为，社会主要矛盾不是僵化、一成不变的，而是随着社会历史条件和矛盾两方面的变化而不断发展变化的。毛泽东在《矛盾论》中正确指出了社会主要矛盾的转化规律为"事物发展过程的根本矛盾及为此根本矛盾所规定的过程的本质，非到过程完结之日，是不会消灭的；但是事物发展的长过程中的各个发展的阶段，情形又往往互相区别。……如果人们不去注意事物发展过程中的阶段性，人们就不能适当地处理事物的矛盾"[①]。我国的历史和实践证明社会主要矛盾转化不是偶然的，是我国社会矛盾运动从量变到质变的必然结果；是推动社会经济取得重大历史成就和人民生活不断改善的必然结果；也是马克思主义关于生产力与生产关系、经济基础和上层建筑两对社会基本矛盾运动在新时代的必然体现。分析和判断社会主义不同发展阶段的主要矛盾，不仅要看生产力的发展水平，而且还要看与生产力相适应的生产关系的状况。

新中国成立以来，我国的社会主要矛盾经历了三次重大改变。社会主义改造完成之后，社会主义制度基本确立，我国进入社会主义建设时期。党的八大对社会主义改造基本完成以后国内社会主要矛盾做了重要的科学判断。对于生产力相对落后的中国来说，这一时期社会主要矛盾"已经是人民对于建立先进的工业国的要求同落后的农业国的现实之间的矛盾，已经是人民对于经济文化迅速发展的需要同当前经济文化不能满足人民需要

---

① 《毛泽东选集》第1卷，人民出版社1991年版，第314页。

的状况之间的矛盾"①。解决这个矛盾的办法是在新的生产关系下保护和发展社会生产力，实行大规模的经济建设，把我国尽快从落后的农业国变成先进的工业国，逐渐满足人民日益增长的物质和文化需要。党的八大关于我国社会主义时期社会主要矛盾和党的根本任务的科学论断，对我国社会主义现代化进程，尤其是对改革开放事业的发展产生了深远的历史影响。

随着社会经济发展速度增快，中国实现了从农业国到工业国的转变。党的十一届三中全会提出"在社会主义改造基本完成以后，我国所要解决的主要矛盾，是人民日益增长的物质文化需要同落后的社会生产之间的矛盾"②。十一届三中全会之后，邓小平反复强调"我们一定要根据现在的有利条件加速发展生产力，使人民的物质生活好一些，使人民的文化生活、精神面貌好一些"③。党的十二大报告在阐述社会主要矛盾时，确认《关于建国以来党的若干历史问题的决议》的科学判断，认为"不断满足人民日益增长的物质文化需要是社会主义生产和建设的根本目的"④，并将我们党对社会主要矛盾的有关认识纳入党的政治报告和党章之中，体现了党对社会主义矛盾的高度重视。党的十三大重新审视了社会发展阶段问题，正式提出并系统论述了社会主义初级阶段理论，指明了社会主义初级阶段问题，指明了社会主义初级阶段的两层涵义，并在此基础上深化了对社会主要矛盾的认识。此后，我们党关于社会主要矛盾的分析和判断皆以

---

① 中共中央党史和文献研究院：《中国共产党一百年大事记（1921年7月—2021年6月）》，人民出版社2021年版，第81页。

② 中共中央文献研究室：《十一届三中全会以来重要文献选读》上册，人民出版社1987年版，第345页。

③ 《邓小平文选》第2卷，人民出版社1994年版，第128页。

④ 中共中央文献研究室：《十二大以来重要文献选编》（上），人民出版社1986年版，第19页。

这一基本国情为立足点和出发点。社会主义初级阶段理论的提出，对于我们厘清我国改革开放和社会主义现代化建设新时期社会主要矛盾的国情依据和现实基础具有重要意义。

实践证明，党和国家所有工作与任务皆必须从社会主要矛盾出发，这也是我们分析和判断社会主要矛盾的基本依据。一旦脱离社会主义初级阶段的最大实际，党和国家的一切工作都将是无本之木，深受影响。党的十五大报告指出："只有牢牢抓住这个主要矛盾和工作中心，才能清醒地观察和把握社会矛盾的全局，有效地促进各种社会矛盾的解决。发展是硬道理，中国解决所有问题的关键在于依靠自己的发展。"[1]解决现阶段社会主要矛盾的关键是发展。2000年2月，江泽民同志在广东省视察工作时，首次对"三个代表"重要思想进行了比较全面的阐述。"三个代表"重要思想从理论上系统回应了当时的社会主要矛盾新变化。它既对主要矛盾双方做了进一步阐述，又对社会主要矛盾解决方法进行了进一步探索。党的十七大仍然强调我国处于社会主义初级阶段的基本国情没有变，明确了科学发展观是指导经济社会发展的根本指导思想。正如习近平总书记强调的："不仅在经济总量低时要立足初级阶段，而且在经济总量提高后仍然要牢记初级阶段。"[2]

中国特色社会主义进入新时代以来，随着改革开放的纵深推进以及社会主义现代化建设的发展，社会主要矛盾也发生了相应的变化。党的十九大报告提出"中国特色社会主义进入新时代，我国社会主要矛盾已经转化为人民日益增长的美好生活需要和不平衡不充分的发展之间的矛盾"[3]。

① 中共中央文献研究室：《十五大以来重要文献选编》（上），人民出版社2000年版，第17页。
② 《习近平谈治国理政》第1卷，外文出版社2018年版，第11页。
③ 习近平：《决胜全面建成小康社会 夺取新时代中国特色社会主义伟大胜利——在中国共产党第十九次全国代表大会上的报告》，人民出版社2017年版，第11页。

这个新时代是整个社会主义初级阶段的一个新的发展阶段。随着社会经济的进步，人们的生活水平不断提高，广大人民群众对物质和文化生活的需要不断增加，同时也更加向往多元化的美好生活。十九大关于社会主要矛盾的新论述是深化和发展，是社会主要矛盾在新时代的阶段性表现。从历史视角来看，社会主义制度基本确立之后，改革开放新时期和新时代两个阶段与我们党关于社会主要矛盾判断一脉相承，前者是后者的基础，后者是前者的继承和发展，是对前一阶段发展成果的积累和提升。新时代社会主要矛盾是基于新时代、新国情、新要求和新问题做出的新判断，是对改革开放新时期社会主要矛盾表述的延续，实现了主要内容层面的创新和时代要求的更替升级。

二、新时代中国共产党对我国社会主要矛盾的新认识

社会主要矛盾在社会历史发展阶段出现剧烈演进时会发生质变，而在某一社会历史发展的不同历史时期则会出现量变或局部质变。从党的十二大到十八大，我们党对改革开放和社会主义现代化建设时期社会主要矛盾的认识不断趋于深化。1981年十一届六中全会通过的《关于建国以来党的若干历史问题的决议》，立足于正本清源、拨乱反正，提出我国社会主要矛盾是人民日益增长的物质文化需要同落后的社会生产之间的矛盾，为中国开启改革开放提供了巨大的理论支撑。时隔三十多年，党的十九大报告庄严宣告："中国特色社会主义进入了新时代，这是我国发展新的历史方位。"[①]两次重大论断都旨在进一步推动中国的改革开放进程，推动中国特色社会主义不断前行。两个论断不同之处在于，前一论断的提出是在改革开放初期，后一论断的提出是我国进入新时代。党的十九大报告关于新

---

① 《习近平谈治国理政》第3卷，外文出版社2020年版，第61页。

时代社会主要矛盾的新论断，奠基于我们党对基本国情不断变化的持续观察和深刻认识，是一个水到渠成的过程。

党的十八大以来，我们党和国家事业全面开创新局面，取得了社会主义现代化建设的历史性成就，中国特色社会主义进入新时代。正是基于我国发展新的历史方位，我们党和国家对社会主要矛盾提出了新论断。新论断提出的现实背景是中国的经济发展从之前的世界第四增长到稳居世界第二，社会生产力水平由"总体上还不算高"发展到"总体上显著提高，社会生产能力在很多方面进入世界前列"。党的十九大对我国社会主要矛盾发生转化的新论断，是基于我国社会生产力和生产关系矛盾运动规律的新研判，是对我国社会需求和社会供给之间的矛盾运动规律的深刻认识和把握，进一步丰富和发展了马克思主义的生产力和生产关系矛盾运动、社会需求和社会供给矛盾运动规律的学说。

新时代的重要特征就是我国社会主要矛盾发生了变化，即由人民不断增长的物质文化需要同落后的社会生产之间的矛盾，转向人民日益增长的美好生活需要和不平衡不充分的发展之间的矛盾。从"人民日益增长的物质文化需要"到"人民日益增长的美好生活需要"转变的判断依据是经过几十年的艰苦奋斗，中国已经解决十几亿人民的温饱问题并全面建成小康社会，人民对共享改革发展成果的要求也越发强烈。虽然我国社会主要矛盾在表现形式上有所变化，但实质上并没有发生变化，依旧是"需要"和"发展"之间的矛盾。如何实现供给和需求之间的平衡，让供给在更大程度上满足人民的需求变化，更好地满足人民对美好生活的向往和追求，是我国经济实现高质量发展的关键所在。"只有抓住了我国当前社会主要矛盾在各个领域、各项工作中的不同表现，并采用不同的办法，有针对性地加以解决，我们的改革开放大业，才会打开一个崭新的天地，开创一个崭新的局面。"①消费作为满足人民美好生活需要的直接体现和实现途径，通过消费可以满足人民群众在住房、医疗、教育、养老等各领域的生活需要。在推动解决社会主要矛盾过程中，要牢牢抓住以人民为中心的出发点和落脚点。正如习近平总书记所强调的："以人民为中心的发展思想，不是一个抽象的、玄奥的概念，不能只停留在口头上、止步于思想环节，而要体现在经济社会发展各个环节。"②新时代我国社会主要矛盾所关注的"美好生活需要"是人的发展和社会进步内在统一关系的连结点。人民对美好生活的向往是人的需要内容层次的拓展和深化，体现了需要的质量从基本温饱到总体小康再到幸福生活的跃升，社会主要矛盾解决的过程也是人的发展与社会进步同时并举的过程。从满足人民的"美好生活需要"出发，推动新时代人民发展和社会进步同频同振是解决新时代社会主要矛盾的重要着力点，是新时代社会主要矛盾转化的价值目标。从"物质文化需要"到"美好生活需要"、从"落后的社会生产"到"不平衡不充分的发展"的变化说明我国社会主要矛盾所关注的范围越来越广，聚焦的问题也越来越精准。

同时，中国特色社会主义进入新时代，社会主要矛盾发生新变化，并不意味着我国发展已经走出社会主义初级阶段。党的十九大报告明确提出："我国社会主要矛盾的变化，没有改变我们对我国社会主义所处历史阶段的判断，我国仍处于并将长期处于社会主义初级阶段的基本国情没有变，我国是世界最大发展中国家的国际地位没有变。"③"两个没有变"既是我们党对我国历史方位的准确把握，也是我们化解新矛盾和实现新目

① 李慎明：《正确认识中国特色社会主义新时代社会主要矛盾》，《红旗文稿》2018年第5期。
② 《习近平谈治国理政》第2卷，外文出版社2017年版，第213—214页。
③ 习近平：《决胜全面建成小康社会 夺取新时代中国特色社会主义伟大胜利——在中国共产党第十九次全国代表大会上的报告》，人民出版社2017年版，第12页。

标所需要立足的最大实际。"社会主义初级阶段不是一个静态、一成不变、停滞不前的阶段,也不是一个自发、被动、不用费多大气力自然而然就可以跨过的阶段,而是一个动态、积极有为、始终洋溢着蓬勃生机活力的过程。"①习近平经济思想为解决新时代我国社会主要矛盾提供了思想指导。新时代中国共产党对社会主要矛盾的新认识,是对近几年来中国式现代化发展所取得的历史性成就和变革的深刻总结,也是对改革开放四十多年来取得的成就的历史回应,更是对未来我们国家发展方向和发展目标的精准定位。

三、中国式现代化是解决我国社会主要矛盾的时代选择

在中国经济社会发展过程中,社会主要矛盾是社会发展需要解决的核心问题,中国式现代化是伴随着中国经济社会不断解决自身问题的过程形成的,新时代我国社会主要矛盾的转化与中国式现代化相辅相成。新时代中国社会主要矛盾的转化意味着中国经济社会处于更高级的历史阶段和更先进的发展阶段,说明过去的外延性发展被内涵式发展所替代,也标志着中国经济社会的发展方式、发展道路、发展理念发生巨大转变。中国特色社会主义进入新时代"意味着近代以来久经磨难的中华民族迎来了从站起来、富起来到强起来的伟大飞跃,迎来了实现中华民族伟大复兴的光明前景;……意味着中国特色社会主义道路、理论、制度、文化不断发展,拓展了发展中国家走向现代化的途径,给世界上那些既希望加快发展又希望保持自身独立性的国家和民族提供了全新选择,为解决人类问题贡献

---

① 《深入学习坚决贯彻党的十九届五中全会精神 确保全面建设社会主义现代化国家开好局》,《人民日报》2021年1月12日。

了中国智慧和中国方案"①。党的十九大开启了全面建设社会主义现代化国家新征程，开启了解决新时代社会主要矛盾的新征程。社会主要矛盾的解决必须在社会进步和社会变革中实现，全面实现中国式现代化是新时代伟大社会革命的重要内容，是中华民族伟大复兴的现实表现。习近平总书记在庆祝中国共产党成立100周年大会上的讲话中指出："我们坚持和发展中国特色社会主义，推动物质文明、政治文明、精神文明、社会文明、生态文明协调发展，创造了中国式现代化新道路，创造了人类文明新形态。"②自"十四五"开局之年起，我国进入全面建设社会主义现代化国家新征程。在全面建成小康社会的基础上，开启全面建设社会主义现代化强国新征程，是适应新时代我国社会主要矛盾转化的必然选择，是我们党对新时代中国特色社会主义发展作出的战略安排。

社会主要矛盾变化是关系全局的历史性变化，对党和国家的发展战略、发展道路都提出了新的要求。党的二十大报告指出，"我国社会主要矛盾是人民日益增长的美好生活需要和不平衡不充分的发展之间的矛盾，并紧紧围绕这个社会主要矛盾推进各项工作，不断丰富和发展人类文明新形态"，"经过十八大以来在理论和实践上的创新突破，我们党成功推进和拓展了中国式现代化"。③新时代我国社会主要矛盾转化在经济社会中具体表现为人民对美好生活的向往、不平衡不充分发展现状以及我国仍处于社会主义初级阶段，对我国社会主义现代化建设提出更高的要求，也为中国式现代化建设明确了方向。新时代我国社会主要矛盾从本质上看仍然

---

① 习近平：《决胜全面建成小康社会 夺取新时代中国特色社会主义伟大胜利——在中国共产党第十九次全国代表大会上的报告》，人民出版社2017年版，第10页。

② 习近平：《在庆祝中国共产党成立100周年大会上的讲话》，人民出版社2021年版，第13—14页。

③ 习近平：《高举中国特色社会主义伟大旗帜 为全面建设社会主义现代化国家而团结奋斗——在中国共产党第二十次全国代表大会上的报告》，人民出版社2022年版，第7、22页。

是发展问题，我国社会主要矛盾的转化表明"不平衡不充分的发展"已经成为制约人民美好生活需要的得到满足、加快推进社会主义现代化向前发展的重要制约因素。推进中国式现代化发展新道路，其根本遵循是立足于不断提高的社会生产力水平，通过解决不平衡不充分的发展问题以化解我国目前所面临的社会主要矛盾。

"以中国式现代化全面推进中华民族伟大复兴，并将此确定为新时代新征程中国共产党的中心任务。"[1]中国式现代化新道路的一个重要特征是其在适应我国社会主义经济社会发展水平的基础上不断解决我国社会主要矛盾。中国式现代化是中国共产党领导的社会主义现代化，既有各国现代化的共同特征，更有基于自己国情的中国特色，准确理解中国式现代化的科学内涵与发展路径有助于充分发现中国社会与经济的韧性和潜力。事实证明，只有走中国式现代化新道路，构建现代化经济体系，全面提高我国经济社会发展的综合实力，不断厚植现代化的物质基础和人民日益增长的对美好生活需要的物质条件，才能为彻底解决发展不平衡不充分问题奠定扎实的生产力条件和社会发展基础。转变经济发展方式，调整经济结构，构建新发展格局，建立现代化经济体系等一系列举措体现了中国式现代化的科学性、先进性和优越性，符合社会主义建设规律和人类社会的发展趋势，是解决我国社会主要矛盾的时代选择，也是推动人类发展进步的重要力量。

---

[1] 《中国共产党第二十次全国代表大会文件汇编》，人民出版社2022年版，第111页。

第三节 中国式现代化的经济发展动力机制

中国式现代化的经济发展动力机制是社会经济活动各环节、多层面、各领域相互关联的有机整体。中国式现代化经济发展形成了以高质量发展为导向的改革动力、以高水平开放为引领的开放动力以及以科技自立自强为目标的创新动力的动力机制，是生产力与生产关系相统一的现代化体现。中国式现代化是中国共产党领导的社会主义现代化，既有各国现代化的共同特征，更有基于自己国情的中国特色，准确理解中国式现代化的科学内涵与发展路径有助于充分发掘我国经济社会的韧性和潜力。站在新时代的历史方位上，我们要破解不平衡不充分的发展难题，继续推进高质量发展，实行高水平对外开放，实现科技自立自强，确保中国式现代化国家新征程开好局、起好步。

一、以高质量发展为导向的改革动力

改革开放40多年来，我国经济社会发展取得了巨大成就，国内生产总值连续多年稳居世界第二位，但经济大而不强的问题依然突出，我国目前仍是世界上最大的发展中国家，发展问题仍然是解决我国一切问题的关键。习近平总书记强调"新时代新阶段的发展必须贯彻新发展理念，必须是高质量发展"[①]。党的二十大报告站在中国式现代化历史进程中详细地阐述了高质量发展的主要内容、关键环节与薄弱环节，并明确将高质量发展作为全面建设社会主义现代化国家的首要任务，并强调推动经济实现质的有效提升和量的合理增长。高质量发展概括起来讲就是在新发展阶段完

---

① 《中国共产党第十九届中央委员会第五次全体会议文件汇编》，人民出版社2020年版，第80页。

整、准确、全面贯彻新发展理念，坚持社会主义市场经济改革方向，坚持高水平对外开放，加快构建以国内大循环为主体、国内国际双循环相互促进的新发展格局。党的二十大报告指出，未来五年是全面建设社会主义现代化国家开局起步的关键时期，所以高质量发展成效直接关系现代伟业的如期实现。

实现高质量发展，既是新时期我国国内外发展环境变化的必要要求，也是解决新时代我国社会主要矛盾的必然选择。"经济发展是一个螺旋式上升的过程，上升不是线性的，量积累到一定阶段，必须转向质的提升。"①经济进入中高速增长阶段，客观上要求经济工作重心从加快经济增长速度转移至提升经济发展质量。高质量发展实质是经济社会发展已经从"有没有"和"有多少"转向"好不好""优不优"。2020年9月习近平总书记在基层代表座谈会上的讲话中指出："我国已进入高质量发展阶段，经济发展前景向好，同时发展不平衡不充分问题仍然突出，实现高质量发展还有许多短板弱项。"②这就要求党和国家的经济工作，以质量变革为终极目标，提高全要素生产力，优化要素配置效率；以动力变革为关键保障，加速从要素驱动、投资驱动向创新驱动转变，提高创新驱动支撑能力。"十四五"规划指出当前和今后一个时期我国已转向高质量发展阶段，我国经济社会发展要以推动高质量发展为主题。

经济建设迈入高质量发展阶段，提高全要素生产力，推动质量变革、效率变革、动力变革，要求把推进供给侧结构性改革作为经济发展的主线，培育增长新动力，形成先发新优势，落实创新引领发展。目前，我国经济社会发展还存在"卡脖子"技术短板，这将导致我国高端产业发生断裂，无法与消费需求形成有效衔接，制约着经济社会的发展。在推进实现

---

① 《习近平谈治国理政》第3卷，外文出版社2020年版，第238页。
② 习近平：《在基层代表座谈会上的讲话》，人民出版社2020年版，第5页。

高质量发展的新发展阶段，供需错位问题成为实现第二个百年奋斗目标的制约因素。我们应当在坚持以供给侧结构性改革为主线的基础之上加强需求侧管理，及时高效地解决供需错位问题。"不能孤立地看待需求侧，不能将需求侧管理单纯等同于扩大内需或扩大总需求，而应将需求侧与供给侧结构性改革相联系。"①只有当供给和需求良性循环、相互匹配时，才能推动经济稳定增长。在当前经济发展阶段，我们应该坚持以供给侧结构性改革为主线，同时注重加强需求侧管理，这表现为以供给侧结构性改革为主线的改革和实施扩大内需基本战略的协同升级。通过这种方式，我们可以更好地促进供给和需求的协调，使经济增长更加稳定可持续。供给侧结构性改革的最终目的是满足人民日益增长的美好生活需要，这需要我们深入研究市场的变化和了解现实以及潜在的需求。而为了实现这个目标，我们需要提高供给的质量，降低无效和低端供给，扩大有效和中高端供给，增强供给结构对需求变化的适应性和灵活性。通过采取优化供给结构、提高生产效率和降低成本等措施，供给侧结构性改革可以推动经济发展、提高经济质量和效益。需求侧管理则通过调节经济总需求、提高消费能力和扩大内需等手段，促进经济发展和实现宏观经济稳定。在促进国民经济健康发展中，两者相互结合，推动社会经济发展高质量提升。"宏观调控必须适应发展阶段性特征和经济形势变化，该扩大需求时要扩大需求，该调整供给时要调整供给，相机抉择，开准药方。"②实现高质量发展需要供给侧和需求侧同步发力，推动经济发展向新需求牵引新供给、新供给创造新需求的更高水平的供求动态平衡发展。

---

① 方福前：《正确认识和处理供给侧改革与需求侧管理的关系》，《经济理论与经济管理》2021年第4期。

② 中共中央党史和文献研究院：《十九大以来重要文献选编》（上），中央文献出版社2019年版，第136页。

　　经济建设迈入高质量发展阶段，要求把建设现代化经济体系作为我国发展的战略目标，以适应转变经济发展方式，优化经济结构、转化经济增长动力的现实迫切要求。现代化经济体系的建设和高质量发展不只是高新信息技术的兴起与发展，更是传统产业的优化与升级。以推动高质量发展为主题，必须坚定不移贯彻新发展理念，以深化供给侧结构性改革为主，坚持质量第一、效率优先、切实转变发展方式，推动质量变革、效率变革、动力变革，使发展成果更好惠及全体人民，为实现中国式现代化奠定更为坚实的物质基础。中国式现代化在经济社会发展的现实表现之一在于以高质量发展为导向，建立现代化经济体系。现代化经济体系与高质量发展是有机统一体，前者是实现的途径和手段，后者是追求的目标和结果。中国式现代化为高质量发展提供了可能，高质量发展为中国式现代化指明了方向，即面向未来的经济体系建设必须以提升发展质量为目标，有针对性地加强技术研发和创新，提升核心竞争力，加快关键产业转型升级，以质量变革、效率变革、动力变革推动经济社会高质量发展。

二、以高水平开放为引领的开放动力

　　"十四五"规划建议要"实行高水平对外开放，开拓合作共赢新局面"，并强调"坚持实施更大范围、更宽领域、更深层次对外开放，依托我国超大规模市场优势，促进国际合作，实现互利共赢，推动共建'一带一路'行稳致远，推动构建人类命运共同体"。①开放发展是中国经济快速发展的基本经验之一，历史证明开放是国家繁荣发展的必由之路。1978年的改革开放是促进中国从落后的贫穷国家实现脱贫致富的关键，而今的

---

① 《中华人民共和国国民经济和社会发展第十四个五年规划和2035年远景目标纲要》，人民出版社2021年版，第122页。

高水平开放也将是实现中国经济社会高质量发展的关键。"过去40年中国经济发展是在开放条件下取得的,未来中国经济实现高质量发展也必须在更加开放条件下进行。"[1]经过40余年的发展,中国的开放事业进入攻坚区和深水区,面临着比以往更加繁重的使命任务和复杂的矛盾问题,之所以适时提出高水平开放是基于我国正处于世界百年未有之大变局的时代境遇。在内外环境多变的背景下,开放成为牵动和影响全局的重要因素,我们需要把握住推进高水平开放的重要机遇,推动高水平开放与经济转型升级相融合,形成全面深化改革的新动力。

高水平开放是新时代形成全面开放新格局和建设社会主义现代化经济体系的迫切要求。全面开放新格局,是一种立体式的全方位开放新格局,在内外关系上是引进来和走出去的结合,在空间上是沿海开放与内陆沿边开放的结合,在国家选择上是向发达国家开放与向发展中国家开放的结合,在方式上是多边开放与区域开放的结合。[2]协调好对外开放和对内开放的关系是形成全面开放新格局的要义所在。更高水平的对外开放就是要通过深度融入世界经济,将全球先进技术、宝贵资源引进来,使关乎国家核心竞争力的关键技术掌握在自己手中。更大程度地对内开放就是要调整好国内产业结构,促进我国超大规模市场的形成,实施好区域协调发展战略。实行高水平开放是进一步发展社会主义市场经济的必然要求,是构建现代化经济体系的必然条件,也是经济全球化发展的必然趋势。

扩大内需是推进内部开放水平迈上新台阶的首要切入点。改革开放以来形成的国内国际两个资源、两个市场的整体格局正随着国内国际环境变化而发生变化。在世界经济形势整体下行背景下,我国开始改变原有的

---

① 习近平:《开放共创繁荣 创新引领未来——在博鳌亚洲论坛2018年年会开幕式上的主旨演讲》,人民出版社2018年版,第10—11页
② 《推动形成全面开放新格局》,《人民日报》2017年11月10日。

经济增长方式。自"十二五"规划起，我国进入经济发展方式战略调整阶段，对原有的经济结构进行调整，从原来以投资为主的外需驱动增长方式转化到以消费为主的内需经济增长方式，更多地依靠创新驱动和扩大内需特别是对消费需求上。在全球经济低迷、外需大幅度减少、不确定性增加的国际环境之下，国内巨大的需求和发展潜力不仅成为我国经济发展的重要动力，也是世界经济增长的一大亮点，扩大内需成为我国新的战略基点。内需尤其是消费需求已经成为促进我国经济增长的重要引擎，是国民经济健康平稳运行的"压舱石"和"稳定器"。扩大内需在推进高水平开放中发挥重要导向作用，应当充分发挥我国超大规模市场优势。实现以扩大内需为导向的高水平开放，就是要充分利用好中国14多亿人的国内消费大市场的聚集效应和规模效应，实现内外市场联通、要素资源共享，进一步形成更加开放的国内国际双循环。

随着中国经济融入世界和内需潜力的释放，中国需要以更高水平开放融入国际经济循环。习近平总书记指出："中国对外开放是全方位、全领域的，正在加快推动形成全面开放新格局。"[1] "中国推动更高水平开放的脚步不会停滞！中国推动建设开放型世界经济的脚步不会停滞！中国推动构建人类命运共同体的脚步不会停滞！"[2]高水平开放是新时代对外开放的鲜明特征。我们党和政府为了在日益竞争的世界市场中赢得经济发展的主动和国际竞争的主动，既要强调经济全球化的新趋势，也要把握国内改革发展的新要求，着力推进高水平的对外开放。面对当前世界百年未有之大变局，必须加快自贸试验区试点推广，建设更高水平的开放型经济新体制。建设更高水平的开放型经济新体制，必须要更好地统筹

---

[1] 《习近平谈治国理政》第3卷，外文出版社2020年版，第211页。

[2] 《共建创新包容的开放型世界经济——在首届中国国际进口博览会开幕式上的主旨演讲》，《人民日报》2018年11月6日。

国内国际两个大局，推动更大范围、更宽领域、更深层次的全面开放。以高水平开放为引领，构建中国式现代化，不仅有利于中国以高水平开放促进深层次经济体制改革，而且有利于世界分享中国不断提高开放水平所带来的红利。建设现代化经济体系同样需要高水平全方位的开放，高水平开放要求市场经济体制更加规范，也有助于我们主动适应高标准和高质量的经济规则，掌握未来的主动权。

三、以科技自立自强为目标的创新动力

创新是引领发展的第一动力，是中国式现代化经济发展的战略支撑。"科学技术从来没有像今天这样深刻影响着国家前途命运，从来没有像今天这样深刻影响着人民生活福祉。"[①]一个国家的科技发展水平对社会生产和经济发展的影响深刻反映了一个国家的现代化程度，也体现了一个国家综合国力。我国已开启中国式现代化建设新征程，我国经济社会发展比过去任何时候都需要科技自立自强，更加需要增强创新这个第一动力。"当今世界，谁牵住了科技创新这个'牛鼻子'，谁走好了科技创新这步先手棋，谁就能占领先机、赢得优势。"[②]我们党和国家把科技创新置于国家现代化建设全局的核心位置，强调构建新发展格局本质特征是实现高水平的自立自强。"科技自立自强是国家强盛之基、安全之要"，我们必须"把科技的命脉牢牢掌握在自己手中，在科技自立自强上取得更大进展，不断提升我国发展独立性、自主性、安全性"[③]。在"十四五"规划中，不管是总结发展经验，还是为未来谋篇布局，都体现着创新驱动的鲜

---

① 中共中央党史和文献研究院：《十九大以来重要文献选编》（上），中央文献出版社2019年版，第461页。
② 《习近平关于科技创新论述摘编.》，人民出版社2016年版，第26页。
③ 《把科技的命脉牢牢掌握在自己手中 不断提升我国发展独立性自主性安全性》，《人民日报》2022年6月30日。

明主线。

经过新中国成立以来特别是改革开放40多年的艰辛付出，我国已成为世界第二大经济体、第一大工业国、第一大货物贸易国和第一大外汇储备国。中华民族从"站起来"到"富起来"再到"强起来"。"强起来"开始成为新时代、新发展阶段的主要任务。当前，我国发展还存在诸多短板和弱项，不少关键领域存在被人"卡脖子"问题，大而不强的状况未得到根本改观。攻克"卡脖子"难题，增强我国产业链和供应链韧性，提高自主可控能力，是实现中国式现代化的关键所在。"十四五"规划具体工作部署将创新驱动和科技进步放在中华民族伟大复兴战略全局和世界百年未有之大变局中作整体考量，将之视为"强起来"的根本支撑，强调要"坚持创新在我国现代化建设全局中的核心地位，把科技自立自强作为国家发展的战略支撑"①，如果不走创新驱动科技的发展道路，国家就无法真正强大起来。

实践告诉我们，关键核心技术是讨不来、买不来、要不来的。关键核心技术要靠自己，靠自主创新，需要发挥社会主义市场经济的独特作用和中国特色社会主义制度优势，形成更有针对性的科技创新系统布局。2019年中央经济工作会议强调，要推进京津冀协同发展、长三角一体化发展、粤港澳大湾区建设，打造世界级创新平台。以粤港澳大湾区国际科技创新中心为例，《粤港澳大湾区发展规划纲要》明确粤港澳大湾区的战略定位是建成具有全球影响力的国际科技创新中心。粤港澳大湾区建设把科技创新放在核心位置，不断深化创新驱动发展战略，通过创新发展能力带动创新型经济的发展，成为我国开放程度最高、经济活力最强的地区，为构建现代化经济体系奠定夯实的基础。粤港澳大湾区国际科技创新中心的建立

---

① 《中华人民共和国国民经济和社会发展第十四个五年规划和2035年远景目标纲要》，人民出版社2021年版，第13页。

是以科技自立自强为目标的中国式现代化经济创新发展的一次重要尝试，也是新时代中国创新驱动发展战略的新实践。我们要以中国特色的科技强国建设战略为导向，优化科技自立自强的实现路径，把科技发展主动权牢牢抓在自己手里，为全面实现中国式现代化的经济发展注入科技自立自强的创新动力。现代化经济体系是具有创新力的体系，通过创新适应科技发展趋势，促进现代化产业体系发展，科技创新与创新经济发展是国家发展的关键。

第二章

"三大动力"是广东最鲜明的标识

CHAPTER2

广东是改革开放的排头兵、先行地、实验区①，在40多年的改革开放历程中始终走在全国前列，实现了从经济相对落后的农业省向全国第一经济大省的跨越，市场经济体制逐渐完善、对外开放水平不断提高、科技创新能力日新月异，书写了南粤大地从"富起来"走向"强起来"的壮丽诗篇，其瞩目成就离不开改革、开放、创新"三大动力"的驱动。激活"三大动力"既是广东深入实施外向带动、科教兴粤、可持续发展三大战略的实践要求，又是推动广东在中国式现代化建设中走在前列的关键引擎。历史是最好的教科书，也是最好的清醒剂，在全面贯彻落实党的二十大精神的关键之年，系统概括广东改革、开放、创新发展的历史实践是全党坚持唯物史观的必然要求，必将为广东走在前列提供丰富的经验启示和精神动力，不断谱写广东现代化建设新的篇章，谱写新时代中国特色社会主义广东篇章。

▲ 第一节　广东深化改革的历史实践与经验启示

改革是社会主义制度的自我完善和发展，在诸多领域的改革中，经济体制改革是改革中的重点领域和关键环节，也是始终贯穿现代化建设的核心主线。在现代化建设进程中，广东始终凭借"杀出一条血路"的气魄和"敢为天下先"的勇气担当，积极探索由计划经济体制向社会主义市场经济体制转型的路径，不断解放和发展生产力，以思想大解放引领经济大发

---

① 《在深圳经济特区建立40周年庆祝大会上的讲话》，新华社2020年10月14日。

展，以经济大发展促进社会大变革，在经济、政治、文化、社会、生态文明建设方面取得了瞩目成就，逐步成为中国式现代化建设中最彰显活力的地区之一。通过凝聚全面深化改革的共识，弘扬改革精神，用好改革开放关键一招，打造全面深化改革的广东范本。

一、广东深化改革的历史实践

党的十一届三中全会拉开了改革开放的序幕，广东主动请缨争当改革开放排头兵，在全国改革开放中走在前列，在获得了中央的特殊政策和灵活措施的基础上，率先开始探索经济体制改革的路径，逐步冲破计划经济体制对生产力发展的桎梏；邓小平作了南方谈话后，广东更加坚定了改革的坚定性、创造性，统筹推进改革事业，初步建立起市场经济体制的基本框架；党的十六大后，广东全面贯彻落实中央顶层设计，围绕着完善社会主义市场经济体制进行全面部署。伴随着改革的不断深入推进，广东逐渐建立起较为完善的社会主义市场经济体制，实现综合实力的历史性跃升，在经济特区建设、农村经济体制改革、国企改革、流通和价格管理体制改革等领域为全国改革提供了宝贵经验。

（一）敢为人先：冲破计划经济体制发展桎梏

1978年召开的党的十一届三中全会提出把党和国家的工作重心转移到经济建设上来，会议闭幕式上邓小平作了题为《解放思想，实事求是，团结一致向前看》的重要讲话，旨在以解放思想消除"文化大革命"时期的僵化的思维模式，拉开了改革开放的序幕。时任中共广东省委书记习仲勋深入基层调研后得出，改革的出发点是摆脱高度集中的计划经济体制对生产力发展的桎梏，为广东经济体制改革指明了方向。同时广泛带领广东各级领导机关和广大人民群众学习贯彻党的十一届三中全会精神，通过解放思想为改革开放事业的开展和推进奠定了思想基础。在经济体制改革初期，广东改革以放权让利、放开价格、放开市场为主要特点。1979年中共广东省委准确把握时代发展脉搏，向中央上报《中共广东省委关于发挥广东优越条件，扩大对外贸易，加快经济发展的报告》，向中央提出了给广东放权试办经济特区的请求，①同年7月获得中央的批准，允许广东在国家计划的指导下探索新的经济体制。随着深圳、珠海、汕头三个经济特区的先后建立，广东开放、改革双轮驱动的改革方案初步形成。1980年起，中央开始对广东实行"划分收支、定额上交、五年不变"②的财政大包干体制，广东牢牢把握机遇，在省内实施自上而下的逐级财政包干政策，各级政府逐步成为地方经济发展的主导者，充分激发地方经济发展活力，形成了顺德市（今佛山市顺德区）、南海市（今佛山市南海区）、东莞市和中山市这"广东四小虎"。在农村经济体制改革方面，广东以推进家庭联产承包责任制改革为重点，并逐步废除农产品统购统销制度，推进农产品市场化流通，并逐步放开生活资料和生产资料市场，搞活流通环节。同时，一批公社、大队、生产队所办的乡镇企业的异军突起也成为农村改革的一大收获，形成了特色鲜明的"珠江三角洲模式""东莞模式""顺德模式""南海模式"③等经验模板。1983年6月，广东对"政社合一"的人民公社体制进行改革，建立以家庭联产承包经营为基础、统分结合的双层经营体制。随着1992年粮食统购统销制度的完全废除，农业生产资料、生活资料的价格市场化加速推进，农业生产进一步向市场经济接轨。1984年

---

① 参见广东省档案馆：《改革开放三十年重要档案文献·广东》（上），中国档案出版社2008年版，第21页。

② "收支划分、定额上交、五年不变"：按隶属关系划分中央财政收支和地方财政收支，根据地方的收支基数，计算确定地方新的收入分成比例和上解、补助数额，一定五年不变。

③ "珠江三角洲模式"：主要基于地缘人缘优势发展外向型经济。"东莞模式"：主要发展"三来一补"和"三资"企业。"顺德模式"：以镇办骨干企业、集体企业、工业企业为主要特色。"南海模式"：主要实行镇、村、联户、个体"四个轮子一齐转"，放手发展个体私营经济和农村第三产业。

10月，党的十二届三中全会通过的《中共中央关于经济体制改革的决定》将社会主义计划经济确定为公有制基础上的有计划的商品经济[①]，进一步推动了由计划经济体制向社会主义市场经济体制转型的进程，广东也将改革的重点逐步转向城市，尤其是推进国有企业改革，通过减税让利、简政放权，进一步提高国有企业的经济发展自主权；通过试点租赁制、承包经营制，逐步探索多元化的企业经营责任制；通过改革劳动用工、工资分配制度，多举并措增强国有企业的内在活力。

（二）统筹推进：初建市场经济体制基本框架

改革开放以来，广东经济建设取得了全国瞩目的成就，但在部分领域，僵化的计划经济体制仍有残留，加之20世纪80年代严重的通货膨胀危机，我国经济体制改革的步伐遭受阻滞，为了探寻中国经济体制改革的正确方向，邓小平于1992年先后前往武昌、深圳、珠海、上海等地进行考察，发表了重要的南方谈话，强调毫不动摇坚持和发展社会主义市场经济，要解放思想、敢闯敢拼，不能因为对资本主义的恐惧而迈不开改革的步子，要以"三个有利于"作为判断改革开放各项工作是非得失的标准，即有利于发展社会主义社会的生产力，有利于增强社会主义国家的综合国力，有利于提高人民的生活水平。[②]邓小平的南方谈话在经济体制改革的艰难时期为中国改革开放焕发了新的生机，对广东委以重任，希望广东力争用二十年的时间赶上亚洲"四小龙"[③]。广东通过创新体制机制，服务于市场经济改革与建设，各项制度创新和体制创新不断涌现。1992年10月党的十四大召开，江泽民对改革开放14年来的实践进行了总结，明确提出把建立社会主义市场经济体制作为我国经济体制改革的目标，并嘱咐广

---

① 参见《中共中央关于经济体制改革的决定》，人民出版社1984年版，第17页。

② 参见《邓小平文选》第3卷，人民出版社1993年版，第372页。

③ 亚洲"四小龙"指中国香港、韩国、新加坡、中国台湾。

东及其他有条件的地方要加速发展，成为我国基本实现现代化的地区。党的十四届三中全会发布《中共中央关于建立社会主义市场经济体制若干问题的决定》后，广东积极响应中央号召，在广东省第八届人大第一次全会上指出："以建立社会主义市场经济体制为目标，全面深化改革，进一步解放和发展生产力，加快市场体系的培育，争取率先建立起社会主义市场经济体制。"①广东进一步对国有企业、乡镇企业改革等重点领域作出战略部署，顺应国家顶层设计，逐步建立起以公有制为主体、多种所有制共同发展的经济制度。1994年6月，江泽民视察深圳时明确指出中央对经济特区的基本政策不变，更加坚定了广东改革开放的决心。在农村改革方面，《中共广东省委 广东省人民政府关于推进农业产业化若干问题的决定》提出："大力推进农业产业化，促进我省农村经济体制和农业增长方式的转变，提高农业的整体素质和效益，加快农业现代化步伐"②。广东在家庭联产承包责任制的基础上，将分散的农户和各市场主体以合同、股份合作的方式结合为生产、加工、销售一体化的经营模式，有效缓解了小生产和大市场的矛盾。同时，广东通过率先放开粮食购销价格，成为粮食流通体制改革的先行者，粮食体制逐步转变为有国家调控的自由贸易制度，竞争有序的商品流通体制进一步形成，对加快农业市场化具有重大意义。③在此基础上，广东渐进放开各领域价格管制，逐步形成市场价格，搞活城乡商品交易，建立起以商品市场为主、要素市场为辅的市场体系，致力于形成大市场、大商业、大流通格局。在国有企业改革方面，该时期

---

① 广东省档案馆：《改革开放三十年重要档案文献·广东》（中），中国档案出版社2008年版，第763页。
② 广东省档案馆：《改革开放三十年重要档案文献·广东》（中），中国档案出版社2008年版，第916页。
③ 参见谭皓方、张守夫：《构建全国统一大市场的三重逻辑——基于社会主义市场经济改革发展的历史考察》，《经济问题》2023年第3期。

国企改革的重点已经从扩大国有企业经营自主权和改革经营方式转向建立产权清晰、权责明确、政企分开、科学管理的现代企业制度,实现了从"让利放权"到"制度创新"的转变,国有企业逐步开始探索所有权和经营权相分离的经营机制转换路径,以1993年8月顺德试点为起点,企业制度改革全面推进,以公有制为主体的混合型经济组织逐步发展,顺应了市场经济体制下的市场竞争需求,其中以"国家所有、分级管理"为特征的"深圳模式"成效显著,在全国形成了可推广的范本。

(三)全面部署:完善社会主义市场经济体制

2002年11月党的十六大明确指出坚持改革开放,不断完善社会主义市场经济体制,广东深化改革也迈入了完善社会主义市场经济体制的新阶段。2003年10月党的十六届三中全会审议通过的《中共中央关于完善社会主义市场经济体制若干问题的决定》指出,我国"存在经济结构不合理、分配关系尚未理顺、农民收入增长缓慢、就业矛盾突出、资源环境压力加大、经济整体竞争力不强等问题"[①]。为了全面贯彻落实中央部署,广东以科学发展观"五个统筹"[②]为指导,围绕完善社会主义市场经济体制作出了多方面的战略部署,其中农村经济体制改革、国有企业改革、流通和价格管理体制改革仍然是贯穿深化改革的重点任务。在农村改革方面,农村税费改革是改革的工作重心,广东通过开展"五取消、一改革、一种税"[③]改革,切实实现了农民减负,正确改善了国家、集体、农民的分配关系。在国有企业改革方面,广东国有资产管理体制进一步完善,国有

---

① 中共中央文献研究室:《改革开放三十年重要文献选编》(下),中央文献出版社2008年版,第1348页。

② 科学发展观"五个统筹":统筹城乡发展、统筹区域发展、统筹经济社会发展、统筹人与自然和谐发展、统筹国内发展和对外开放

③ "五取消、一改革、一种税"即取消行政事业性收费、政府性基金、集资,取消屠宰税,取消农业特产税,取消农业税收附加,取消劳动积累工和义务工;对村内事务实行"一事一议"制度;对农民只征收统一税率的农业税。

经济布局进一步优化，国有经济综合影响力稳步上升。2004年，广东省国资委建立，逐步形成了包括国资委、国有资产经营公司、国有企业在内的多层次国有资产管理体制，不断规范和推动国有经济发展。2005年，广东省国资委印发的《关于加快我省产权市场建设的意见》明确提出，"建立规范统一、有效监管的产权交易市场"①。自省国资委成立后，广东进一步迈开了国企改革的步伐，在国有资产监管、产权制度改革、布局结构调整、企业制度创新等方面均取得了显著成就。在流通和价格管理体制改革方面，广东在进一步完善粮食等生活资料市场化流通的基础上，大力发展以资本、土地、劳动力为重点的生产要素市场，逐步建立起覆盖全省的要素市场体系，与此同时将流通业作为经济发展的支柱产业，通过改革流通体制、创新流通方式、健全流通基础设施，为消费品和要素贸易奠定基础。广东通过不断完善社会主义市场经济体制，使市场在资源配置中发挥基础性作用。通过全面贯彻科学发展观统筹兼顾的根本方法，广东在行政管理体制改革、完善就业服务体系、完善社会保障体系等多领域不断取得突破。随着改革的不断纵深推进，广东基本经济制度不断完善、市场体系稳步形成、社会保障体系逐步建立、就业与分配机制进一步健全、政府职能进一步转变，不断推动广东综合经济实力跃升，同时也进一步带动政治、文化、社会、生态文明等诸多领域取得成就。

二、广东深化改革的经验启示

广东的深化改革实践历程给全国改革提供了广东智慧和广东方案，向党中央和人民交出了满意的答卷，也凝结出了宝贵的经验启示：一是坚持党中央的正确领导，坚持中国特色社会主义方向，探索市场经济和中国特

---

① 广东省档案馆：《改革开放三十年重要档案文献·广东》（下），中国档案出版社2008年版，第1672页。

色社会主义制度优势的结合路径，使改革开放始终沿着正确的方向前进；二是坚持权责下放，处理好各级政府之间、政府和群众之间的关系，在完善顶层设计的同时鼓励基层实践创新，不断激发中央和地方两方面积极性，迸发改革的活力；三是坚持统筹规划，坚持系统性、整体性思维，处理好改革、发展和稳定的关系，实现可持续发展。

（一）坚持党的领导，牢牢把握改革的社会主义基本方向

广东改革开放之所以能取得历史性成就，归根结底是坚持党的领导，并不断加强和改善党的领导。改革开放是系统性大工程，必须有科学理论的指引和先进政党的领导，中国共产党是改革开放的领导者和实践者，始终将马克思主义基本原理与中国改革开放实践相结合，用创新理论武装头脑，坚持解放思想，摆脱"左"和右两种思想的干扰，不断向前推进改革。中国共产党始终代表中国先进生产力的发展要求，代表中国先进文化的前进方向，代表中国最广大人民的根本利益。只有坚持中国共产党的领导，才能在改革开放中不断解放和发展生产力，为中国特色社会主义现代化建设奠定物质基础；只有坚持中国共产党领导，才能在与各式各样的经济制度、政治制度、意识形态的交锋中始终坚持道路自信、理论自信、制度自信和文化自信；只有坚持共产党的领导，才能实现改革成果惠及全体人民，朝着共同富裕的目标迈进。广东是改革开放的排头兵、先行地、实验区，经济体制改革是立足于社会主义基本制度的改革，在改革的全过程中，广东始终牢牢把握改革的社会主义基本方向：坚持以价格与市场为基本导向，坚定发展社会主义市场经济；坚持和完善公有制为主体，多种所有制经济共同发展的基本经济制度；实行以按劳分配为主体，多种分配方式并存的分配制度；始终坚持以人民为中心的发展理念，在发展中保障和改善民生；发挥资本促进经济发展作用的同时加强资本管理、监管、运营；探索"有效市场""有为政府"的结合路径。广东不断通过经济发展实践把握市场经济的一般规律，探索社会主义制度和市场经济手段的结合方式，不断完善中国特色社会主义市场经济体制。

（二）坚持权责下放，实现顶层设计和基层创新良性互动

广东在改革开放中始终遵循中央顶层设计，在此基础上推动基层创新，兼顾攻克共性问题和解决实际问题，发挥中央和地方两方面的积极性，实现改革顶层设计和基层创新的良性互动。首先，党中央不断完善改革开放的顶层设计，为地方实践指明改革的基本方向，广东各级政府全面领会和学习中央设计部署和各个重要讲话精神，将中央顶层设计细化为地方实践中各方面的战略部署。其次，党中央和各级政府坚持简政放权，实现权力和责任的逐级下放，给予广东各级政府进行改革的灵活自主权，克服地方政府"不敢干""不想干""不能干"的无作为现象。在改革开放初期，中央给予广东特殊政策和灵活措施，明确"中央授权给广东省，对中央各部门的指令和要求采取灵活办法，适合的就执行，不适合的可以不执行或变通办理"[①]。充分给予广东发展的主动权，深化改革的每一步都伴随着中央的放权让利。最后，地方政府立足于地方实际，凭借政策自主权进行针对性、渐进式的改革，并及时总结地方实践经验，以基层创新为全国改革的统筹推进提供正反两面的经验。经济特区的建设就是顶层设计与基层试验相结合的典型范例，在中央进行经济体制改革的总设计部署下，通过建立深圳、珠海、汕头经济特区，通过权责下放，在经济特区内围绕商品价格、对外开放、企业管理等多个领域进行了探索实践并取得了显著成就。中央在总结试点经验的基础上进行更大范围的推广，经济特区的发展为广东乃至全国的改革都起到了示范作用。

---

① 中共广东省委办公厅：《中央对广东工作指示汇编（1979—1982年）》，1986年，第110页。

（三）坚持统筹规划，正确处理改革、发展、稳定的关系

改革是项系统性大工程，广东在改革工作中始终坚持统筹全局，统筹规划，实现改革、发展、稳定三者的辩证统一，其中发展是目的、改革是手段、稳定是前提。改革不同于革命战争年代疾风骤雨式的阶级斗争，而是社会主义制度的自我完善和发展，改革的实质是解放和发展生产力，广东始终坚持以经济建设为中心，把发展生产力放在首位，逐步摆脱落后的生产关系和上层建筑对生产力发展的桎梏，从高度集中的计划经济体制中解放出来，逐步建立并完善社会主义市场经济体制，实现经济的稳定持续发展。改革不可能一蹴而就，改革永远都处于进行时，广东改革工作一直遵循着由易到难、由局部到整体、由浅入深的渐进式改革模式，综合考量经济发展速度、改革开放力度、社会承受程度三方面因素，一步步推动改革迈向新的阶段。作为改革开放的排头兵、先行地、实验区，广东既没有过往经验的指导，又不能照搬国外的模式，完全是在"摸着石头过河"，改革工作始终遵循"先试点、后推广"的思路，边实践边总结经验，因地制宜、因势利导。在改革重点上，为了解决农民生存问题这一当务之急，广东经济体制改革以农村为出发点和突破口，在保障民生的基础上再逐步将改革重点转向国有经济、城市经济等领域的改革，在改革的过程中，广东始终心系群众生活的方方面面，抓"民心工程"，抓"菜篮子""米袋子""果盘子"工程，在发展中保障和改善民生，始终"坚持两手抓，一手抓改革开放，一手抓打击各种犯罪活动"①，促进物质文明和精神文明协调发展。随着改革的纵深推进，广东全面加强政治、文化、社会、生态等诸多领域建设，不断满足人民日益增长的物质文化需要，实现改革成果惠及全体人民，进而为改革的进一步推进奠定稳定的社会环境基础，未来

---

① 《邓小平文选》第3卷，人民出版社1993年版，第378页。

广东仍将把握以人为本的核心立场，运用统筹兼顾的根本方法，实现全面协调可持续发展的基本要求。

▼ 第二节　广东对外开放的历史实践与经验启示

广东在现代化进程中所取得的瞩目成就既离不开改革所创造的制度优势，也离不开对外开放创造的空间优势，改革与开放"双轮驱动"是广东发展的重要动力。作为对外开放的开路先锋，广东在改革开放初期便牢牢把握经济全球化机遇，形成了以开放引领改革、以开放倒逼改革的"广东模式"，并随着现代化建设的推进逐渐探索出改革和开放双向互促的发展机制，多举并措助力广东从贸易弱省向贸易大省和贸易强省的转变，实现了从封闭半封闭经济体系向全方位开放的历史性转折，也为全国提供了构建开放型经济体系和开展区域经济合作的典范。

一、广东对外开放的历史实践

对外开放以前的广东长期受限于传统封闭的农业文明，与世界主流经济体的工业文明存在巨大差异，经济社会发展缓慢、逃港风潮严重、人民群众生活困苦，区域经济发展陷入窘境。为了抓住改革开放带来的战略机遇，广东省基于独特的地缘人缘优势，主动请缨在对外开放上"先行一步"，始于蛇口工业区的成立与经济特区的试办，广东对外开放的序幕正式拉开，一步步"摸着石头过河"，逐步形成了多层次的对外开放地带；为了顺应经济体制改革的发展方向，广东进一步加大开放力度、提高开放水平，逐步建设开放型经济体系，对外开放迈上新台阶；中国加入世贸组织后，广东外向型经济发展进入快车道，构建起全方位对外开放格局。

（一）从无到有：逐步形成多层次对外开放地带

党的十一届三中全会前，国内经济濒临崩溃的边缘，长期计划经济和过度强调阶级斗争使得国民经济处于崩溃边缘。与此同时，随着经济全球化的发展，亚洲"四小龙"依靠承接产业转移在短时间内实现了经济的腾飞，给发展中国家经济增长提供了经验借鉴，而广东毗邻香港，是承接劳动密集型产业的不二之选，区位优势为广东提供了以开放促经济增长的契机。自党的十一届三中全会做出改革开放的历史性决策以来，全党上下掀起解放思想的热潮，而思想上的解放又为对外开放奠定了基础。广东省委立足实际，总结广东经济发展的突出问题，向党中央提出凭借广东地缘、人文优势试办对外加工出口区的请求，1979年得到中共中央、国务院的批准，允许广东在对外开放上"先行一步"，试办深圳、珠海、汕头经济特区，并在经济特区内实行特殊政策和灵活措施以支持广东"发挥优越条件，抓紧当前有利的国际形势，先走一步，把经济尽快搞上去"[1]。同年7月，蛇口工业加工区诞生，成为中国对外开放的第一个窗口，正式拉开了广东对外开放的序幕，也初步奠定了改革开放前期"以开放促改革"的"广东模式"。深圳经济特区依靠"三来一补"[2]建立起劳动密集型工业企业，并逐步推动对外开放由外贸扩展到人才流动、金融合作、技术交流等多方面。珠海经济特区初期依靠旅游业和商业发展打造花园滨海城市，并逐步建立起工业主导，农业、商业、旅游业综合发展的产业结构。汕头经济特区起步较晚、区域范围较小，但也在经济总量增长方面取得了较大的进展。1984年广州、湛江被列为沿海开放城市并设立国家级经济技术开

---

[1] 广东省档案馆：《改革开放三十年重要档案文献·广东》（上），中国档案出版社2008年版，第15页。
[2] "三来"是指来料加工、来样加工、来件装配，而"一补"是指补偿贸易。

发区，持续发挥"四个窗口"①作用。1985年含4市14县的珠江三角洲经济开放区正式设立。1987年广东被设为综合改革试验区，珠江三角洲经济开放区的范围扩大到28县市，部分周边沿海县市也被纳入经济开放区范畴，初步形成了涵盖经济特区、沿海开放城市、经济技术开发区、经济开放区在内的多层次、多形式、多功能的沿海开放地带。1988年5月广东省第六次代表大会提出，"注意把握国际经济结构调整的机遇，加快外向型经济的发展"②。广东进一步加快从封闭的农业文明转型为开放的工业文明，从自然经济过渡到国际市场导向的商品经济的步伐，稳步开展来料加工、合作生产、补偿贸易、合资经营、联合办厂、联营经销等形式多样的对外开放经贸活动，逐渐成为对外开放中最具活力的地区，为积极承接产业转移、参与国际分工和国际市场竞争奠定了基础。

（二）扩大开放：加快步伐建设开放型经济体系

广东虽然凭借"三来一补"的外贸模式逐步被纳入了全球分工网络，但在全球化进一步深入的背景下，广东参与产业分工的规模和质量都有待提升。1992年，邓小平南方谈话后举国上下达成了对外开放的共识，同年3月12日，广东省委、省政府发布了《中共广东省委、广东省人民政府关于进一步扩大对外开放若干问题的决定》，明确"在我省建立具有较强国际竞争能力、高效、开放的国民经济体系和良好的外向型经济运行机制"③。为了响应邓小平对广东力争20年赶上亚洲"四小龙"的号召，广东进一步扩大开放，将工作重点放在扩大对外开放区域、创新对外开放形式、放宽对外开放政策、完善投资环境、加强对外开放人才培养等方面，

---

① "四个窗口"指技术窗口、管理窗口、知识窗口、对外政策窗口。
② 广东省档案馆：《改革开放三十年重要档案文献·广东》（上），中国档案出版社2008年版，第561页。
③ 赵健：《广东改革开放纪实》，广东经济出版社2009年版，第101页。

力争建立起具有国际竞争能力的国民经济体系，通过外向型经济运行机制改革接轨国际，确定了充分利用国内外"两个资源""两个市场"，构建开放型经济体系的对外开放目标。在扩充沿海开放地带方面：广东将粤东西两翼的沿海地区纳入经济开放区，开放地区迅速由沿海地区向内陆地区拓展。广东通过发挥珠江三角洲的区位优势，通过技术合作、外资引入和承接产业转移，建设高新技术产业、优化产业结构，持续发挥珠三角地区动力引擎作用。在加强粤港澳合作方面：广东进一步发挥地缘优势和侨胞优势，通过土地、税收等政策优惠进一步吸引港澳投资；通过深化对外经贸体制改革进一步完善粤港澳合作体制；通过加快基础设施建设进一步改善投资硬环境；通过加强政府服务效率减轻外资企业负担；积极维护外商投资的合法权益。多项政策的颁布吸引了大量"三资"企业的涌入，改善和弥补了广东的外资短缺，同时使广东得以借鉴外资企业的企业经营管理制度。广东立足于自身省情，在引进外商投资时进一步优化外商投资的产业结构和区域结构，对广东商品外贸结构和产业结构进行调整，一定程度上也为区域平衡发展打下基础。在发展对外贸易方面：广东逐步具备了实施"走出去"战略的物质条件，逐步实施出口导向型发展战略，将"走出去"和"引进来"视作对外开放相辅相成的两个方面。1994年的汇率制度改革为广东外贸的发展奠定了基础，结售汇制度改革大大加强了企业用汇自主权，外贸退税制度的完善加大了出口企业的利润，在外贸体制的改革下，对外贸易取得了蓬勃发展。与此同时，广东逐渐形成了以加工贸易为主，补偿贸易、租赁贸易等为辅的多元化贸易方式，[①]并根据国际经贸形势的变化，对不同地区的市场实施市场多元化战略，与多个国家建立了贸易往来关系，并不断完善对外贸易区域结构。

---

① 参见卢跃、阎其凯、高凌云：《中国对外贸易方式的创新：维度、实践与方向》，《国际经济评论》2017年第4期。

（三）提质扩面：推动构建全方位对外开放格局

2001年底，我国加入WTO（世界贸易组织），对外开放迎来新局面，国民经济和世界经济开始全面接轨。在此背景下，广东所承担的历史使命更为深重，必须更大范围、宽领域、深层次地融入经济全球化，在国际贸易合作、国际技术交流、外贸制度接轨国际等多方面进一步推动对外开放，构建起全方位对外开放格局，为内陆地区的对外开放提供经验借鉴。应WTO要求，我国在降低关税、完善贸易法规、行政审批制度改革等方面均取得了进展。广东也积极响应中央，通过简化行政审批事项提高政府服务效率；通过外贸经营权体制改革培养了多元化的贸易主体；通过推进外贸国企改革打造了一批大型外贸龙头企业。2003年，内地与港澳签署CEPA^①，2004年CEPA实施，取消粤港澳之间的关税和非关税壁垒，进一步推动了服务贸易自由化，推动投资便利化。^②粤港澳地区的合作由产业分工衍生至基础设施建设、科技合作等涉及国计民生的多个方面，过去"前店后厂"^③的合作模式逐渐转变为共建产业园的模式，贸易合作由加工贸易为主转变为先进服务业和制造业合作。2004年以后，内地与港澳又补签了多份CEPA协议，2010年、2011年广东分别签署了《粤港合作框架协议》和《粤澳合作框架协议》，随着CEPA和各类协议规划的签署，粤港澳区域合作机制逐渐完善，内地与港澳地区的商品贸易、产业合作水平

---

① CEPA，即《关于建立更紧密经贸关系的安排》，包括中央政府与香港特区政府签署的《内地与香港关于建立更紧密经贸关系的安排》、中央政府与澳门特区政府签署的《内地与澳门关于建立更紧密经贸关系的安排》。
② 参见李保明：《两岸经济关系二十年——突破与发展历程的实证分析》，人民出版社2007年版，第194页。
③ "前店后厂"：港澳地区利用海外贸易窗口优势，承接海外订单，从事制造和开发新产品、新工艺，供应原材料、元器件，控制产品质量，进行市场推广和对外销售，扮演"店"的角色。珠江三角洲地区则利用土地、自然资源和劳动力优势，进行产品的加工、制造和装配，扮演"厂"的角色。

迈向更高台阶，覆盖经济、社会、民生、文化等多方面的粤港澳合作框架逐步形成。此外，国家级经济技术开发区作为承接国际产业转移、吸纳国际投资的重要载体，对推动区域经济发展也具有重大意义。2010年、2012年增城经济技术开发区、珠海经济技术开发区升级为国家级经济技术开发区，广东坐拥6个国家级经济技术开发区，形成了分工明确、配置合理的主导产业分布格局，在石油化工、钢铁、电子通信、物流、高端制造、清洁能源等多个领域取得了优越的发展成绩。广东充分利用开发区政策优势，并通过建立经济技术开发区评估标准体系进一步规范和引导经济技术开发区发展，为各城市经济发展打造了重要的增长极。

二、广东对外开放的经验启示

广东对外开放所取得的成功离不开解放思想，对外开放的每一步深化离不开解放思想所带来的观念转变，广东不断冲破右的思潮和"左"的思潮的困扰和束缚，坚持制度先行，稳步推进对外开放制度创新。广东对外开放的纵深推进也离不开改革与开放的相互促进，始终辩证处理好改革与开放的关系，实施"双轮驱动"战略，共同服务于广东现代化建设。广东对外开放的经验还在于始终坚持立足实际、因地制宜，充分发挥广东对外开放的比较优势，以比较优势为竞争优势，走出了具有广东特色的对外开放道路。

（一）坚持解放思想，稳步推进对外开放制度创新

历史上重大的改革总是以思想观念的解放为先导，实践的推进和理论的创新并行贯穿于广东发展的历程，对外开放的每一步推进都是理论和实践创新的生动写照。党的十一届三中全会提出实施改革开放后，习仲勋为全面学习贯彻党的十一届三中全会精神，带领广东省广大党员干部和群众积极学习、深入调研，在党组织上下形成了一股摆脱"左"倾思想、解放

思想的风气，逐步破除主观主义和形而上学的思维方式，以思想解放为对外开放奠定基础。广东省委基于广东毗邻港澳的地缘优势向中央提出建立经济特区的请求，在全国对外开放工作中先行一步。经济特区设立伊始便面临着外界的诸多质疑和阻力，广东人民始终迎难而上，不断解放思想，以经济特区建设的实践成果消除外界的非议，回答了经济特区姓"社"还是姓"资"的问题。从经济特区的建立到沿海开放城市的设立，再到珠三角经济开发区的设立，广东逐步形成了多层次的沿海经济开放地带，不断实现由对外贸易向对外投资、金融开放、区域经济合作的扩展，稳步推进对外开放制度创新，使广东逐步融入经济全球化。全党同志带领广大人民群众勇于变革、勇于开拓、勇于创新，不断总结对外开放实践经验，推动对外开放理论创新并付诸实践，通过"实践、认识、再实践、再认识"的循环往复深化对经济发展客观规律的把握，始终以实践作为检验真理的唯一标准，克服外界的质疑和争论，经历了四十余年的对外开放探索，走出了一条特色鲜明而又可借鉴、可推广的广东对外开放道路，为全国建设开放型经济体系提供了广东范本，向党中央和全国人民交出了满意的答卷，并将持续着眼于广东对外开放事业的新实践和新发展，发扬敢闯敢试、开拓创新的精神，将解放思想作为推动对外开放迈向更高台阶的基本前提，不断研究新情况、解决新问题。

（二）坚持统揽全局，持续推动改革与开放相联动

改革开放是坚持和发展中国特色社会主义的必由之路，而对外开放是改革开放总体布局中不可缺少的重要组成部分，没有开放就不能称作是真正意义的改革，同时社会主义市场经济建设必然离不开开放型经济体制的支撑。广东在经济建设上所取得的历史性成就离不开改革和开放的"双轮驱动"，在改革开放的探索中，广东坚持统揽全局，以系统性思维正确分析和处理好改革与开放的关系，发挥内外两个引擎作用，根据改革开放的

不同历史阶段，及时调整改革和开放的地位和角色，牢牢抓住主要矛盾和矛盾的主要方面，统筹推进改革开放事业。在改革开放的初期，由于经济实力的整体落后，广东主要采取了"以开放促改革""以开放倒逼改革"的发展模式，通过建立经济特区实现了我国对外开放从无到有的转变，通过充分利用国内外"两个市场""两个资源"，吸收了大量外资、技术、管理经验，为改革的深入积累了丰富的物质条件，同时中外合资企业、外商独资企业的引进为我国市场经济体制的改革带来了现代企业管理的经验。随着改革开放逐步进入深水区，广东已经具备了一定的物质条件和基础，因此将改革开放的重心更多地放在国内经济体制改革上，牢牢把握改革开放的主动权，在对外开放的政策安排上更多地服从于社会主义市场经济体制改革的需要，形成了改革与开放相互促进的大好局面。

（三）坚持因地制宜，充分发挥对外开放竞争优势

广东作为对外开放的先行者，可借鉴的经验和具体方法不多。广东作为当时经济相对落后的农业大省，贸易依存度较低，单从经济整体发展水平来看在全国是不占优势的，之所以能在对外开放中取得瞩目的成就，很重要的一个原因是坚持因地制宜，充分发挥对外开放地缘优势。广东地处华南沿海，从古至今便是重要通商口岸，且毗邻港澳地区，在经济全球化背景下，香港凭借承接产业转移已经实现了经济的腾飞，广东独特的地缘优势使其成为劳动密集型产业二次转移的首选之地，同时港澳人士大多祖籍广东，为广东引进港澳投资提供了人文优势。广东率先凭借地缘和人文优势获得了中央的特殊政策和灵活措施，试办出口特区。在对外开放的全过程中，广东始终坚持发挥独特的地理区位优势，实现了沿海地区从点到线、从线到面的开放，并始终与港澳地区开展贸易合作、产业分工、投资合作、金融开放、技术交流，与港澳地区保持紧密的区域经济合作关系。同时，在对外开放的不同阶段，广东始终立足于自身动态比较优势参与国际分工与竞争，在对外开放初期，广东立足于廉价劳动力优势积极承接国际产业转移，实现从内向型经济向外向型经济的转变，并逐步积累了技术、管理、资本优势。在对外经贸的发展中，广东不断改善吸收外资的软硬环境、优化产业结构、积累先进技术和管理经验，不断积累和培育新的比较优势，并将比较优势转化为竞争优势，使得广东在对外贸易的各个阶段都能更好地掌握主动权，并推动资本从劳动密集型向资本密集型和知识密集型产业转移，不断促进商品外贸升级、提高外资引进规模、优化外商投资结构，实现了从贸易弱省向贸易大省和贸易强省的转变。

▼ 第三节　广东创新发展的历史实践与经验启示

　　"贯彻新发展理念是新时代我国发展壮大的必由之路"[①]，广东始终将创新作为引领发展的第一动力，贯彻落实"科技是第一生产力"的方针，高度重视科技创新工作，稳步推进创新型省份建设，将科技创新贯穿于经济体制改革和对外开放的全过程，致力于实现高水平的科技自立自强，不断提高科技创新整体实力，成功跃升进入国内科技综合实力和创新能力的"第一梯队"，为广东乃至全国实施创新驱动发展战略提供支撑。

一、广东创新发展的历史实践

　　始于1978年全国科学大会的召开，科技发展逐渐进入经济发展的主战场，广东从依靠"引进、消化、吸收"技术到模仿创新，再到自主创新，逐步探索出一条符合广东实际的创新发展道路；逐步克服科技与经济"两

---

① 《习近平谈治国理政》第4卷，外文出版社2022年版，第34页。

张皮"现象，通过科技体制改革逐步建立起了面向经济发展的科技体制，不断以科技创新带动经济增长模式由粗放型向集约型转型；依靠科技进步和自主创新培育广东现代化建设优势，打造科技强省。

（一）科学逢春：以技术引进初探自主创新道路

在1978年3月召开的全国科学大会上，邓小平明确提出"科学技术是生产力"[1]，使科学进步和自主创新迎来了发展的春天。广东作为改革开放的排头兵、先行地、实验区，立足实际，逐步开始探索科技创新发展道路。1979年，习仲勋在政府工作报告中明确指出"科学技术的现代化是实现四个现代化的关键"[2]，把科技工作列入党委的重要议事日程，标志着科技工作逐渐成为党工作的重点。在改革开放初期，广东凭借地缘优势，在中央政策的支持下，率先对外开放，逐步发展了一大批"三来一补"企业、"三资"企业[3]，在积极承接港澳产业转移的同时，通过引进、消化、吸收相关科学技术，走引进技术以促进发展的捷径，并通过对企业生产流程、工艺、企业管理的优化改造逐步推动由引进、消化、吸收向模仿创新的转变，初步探索了符合广东省情的自主创新道路。随着外资的引进，珠三角地区初步具备了资金基础，但产业结构升级也对人才提出了客观要求，科技人才短缺的缺陷逐渐暴露，广东通过引进国外科研人员、鼓励大学和科研机构的科技人员在周末为企业提供技术服务，有效盘活了人力资源，为珠三角民营企业发展提供了一定的人才支撑，也使得广东深刻意识到稀缺的科研人才和薄弱的科研体制对经济发展的桎梏。1984年，湛江、广州两个国家级经济技术开发区建立，立足于两地经济结构，通过引

① 《邓小平文选》第2卷，人民出版社1994年版，第86页。
② 广东省档案馆：《改革开放三十年重要档案文献·广东》（上），中国档案出版社2008年版，第51页。
③ "三资"企业，指由一个或一个以上的国外投资方与中国投资方共同经营或独立经营的中外合资经营企业、中外合作经营企业、外商独资经营企业三类外商投资企业。

进资金、技术、管理方式，旨在为全省经济发展提供技术服务支撑，优先发展与科研生产相结合的新技术产业。1985年3月邓小平指出，"新的经济体制，应该是有利于技术进步的体制。新的科技体制，应该是有利于经济发展的体制"[①]，进一步说明科技创新发展已经进入了经济建设的主战场，中共中央紧跟着通过了《中共中央关于科学技术体制改革的决定》，提出改革拨款制度、加强科研主体间的协作和联合、发挥科学技术人员主动性等改革措施[②]。但该时期广东科技体制改革仅重点围绕科研院所改革试点展开，尚未在全省范围内铺展开来。1988年5月召开的广东省第六次党代会明确提出，"把振兴科技和教育事业，放在实施经济发展战略的首位"[③]。1988年，邓小平提出"科学技术是第一生产力"的重要论断，为了服务于社会主义市场经济建设，广东积极开展与港澳地区、其他国家的科技合作交流，规范科研机构发展，加快技术商品化进程，推动科研单位企业化，多举并措在科技领域取得了较大发展。

（二）科技赋能：以科技进步助推经济增长转型

进入20世纪90年代后，随着市场经济体制改革在全国范围的展开，广东获得的政策支持力度也因全国的整体性改革而削减，而邓小平在南方谈话中对广东经济发展提出新的要求，过去依靠国家政策支持，严重依赖资源要素推动的经济增长模式所带来的资源紧缺也逐渐暴露，经济转型升级迫在眉睫。1991年7月时任广东省委书记谢非在全省科技工作会议上提出要实现经济增长方式转型，从劳动密集型向技术密集型转变，发挥科技进步推动经济增长模式转型的重要作用，进一步探索自主创新道路。虽然广

---

① 《邓小平文选》第3卷，人民出版社1993年版，第108页。
② 参见中共中央文献研究室：《改革开放三十年重要文献选编》（上），中央文献出版社2008年版，第372页。
③ 广东省档案馆：《改革开放三十年重要档案文献·广东》（上），中国档案出版社2008年版，第568页。

东在科技事业上取得了一定的发展，但科技进步对经济增长的贡献率低，科技与经济"两张皮"现象严重，科技体制改革迫在眉睫。1991年《中共广东省委 广东省人民政府关于依靠科技进步推动经济发展的决定》中提到"切实把经济建设转移到依靠科技进步和提高劳动者素质的轨道上来"[①]，将发展科技视作实现四个现代化的关键，将科技进步与经济发展紧密联系，提出了完善各种形式的科研经营承包责任制、扩大科研机构自主权、鼓励和支持人员兴办科研机构、鼓励企业成为技术开发和应用的主体、促进"科技兴农"、发展科工（农）贸企业等若干措施，对科技体制改革、加快科技转化为生产力等方面作出战略部署，并决定从1992年开始每年组织一届"科技进步活动月"活动。1993年7月《中共广东省委、广东省人民政府关于扶持高新技术产业发展的若干规定》则为科技创新与产业发展的结合开辟了道路，提出建设用地扶持、税收减免、国际技术合作交流、人才引进等政策和手段，[②]重点对电子信息、新型材料、新能源、生物技术等高新技术产业进行扶持。1994年广东省人大常委会立法通过《广东省民营科技企业管理条例》，各级政府立足于当地基本经济情况和发展需要，制定了一系列支持民营科技企业发展的政策，随着各项优惠政策的落实，民营科技企业规模逐步扩大，市场活力逐步凸显，并涌现出一批民营科技龙头企业和集团，民营企业的整体科技创新能力大大提升。1995年广东省科学技术大会颁布的《中共广东省委、广东省人民政府关于加速科学技术进步若干问题的决定》提出，通过建立多途径的科技资金投入机制，进而加速科技成果向现实生产力的转化，以科技创新逐步形成推

① 广东省档案馆：《改革开放三十年重要档案文献·广东》（中），中国档案出版社2008年版，第695页。

② 参见《中共广东省委、广东省人民政府关于扶持高新技术产业发展的若干规定》，1993年7月17日。

动经济增长模式转型的强大动能。[①]1997年8月颁布的《中共广东省委 广东省人民政府关于加强科学技术普及工作的通知》充分认识到了加强科普工作的重要性、紧迫性，针对青少年、农村干部群众、各级领导干部、企业职工等重点普及对象，通过深化科普工作改革、加大科普工作投入、强化科普宣传、健全科普网络、加强科普阵地建设等有力措施开展科学技术普及工作，更好地依靠科技进步推动经济建设和社会发展。[②]

（三）创新当家：以科技创新增创广东发展优势

多年科技体制改革使得广东在综合科技实力上位居全国前列，但仍存在科研机构游离于市场之外、科技成果转化率低、企业自主创新能力薄弱等问题，科技与经济"两张皮"现象尚未有效解决。在国际上，依靠科技创新推动经济增长，降低经济发展对自然资源的依赖已经成为各国经济增长模式转型的共识。对内深化改革和对外参与国际竞争的双重要求给广东深化科技体制改革、探索自主创新道路带来了新的机遇与挑战，为了响应社会主义市场经济体制的发展，该阶段广东科技体制改革的重点在于完善以企业为主体、市场为导向、产学研结合的技术创新体系。1998年，为响应江泽民对广东"增创新优势，更上一层楼"[③]的要求，广东积极开展专题调研活动并于1998年9月颁布《中共广东省委、广东省人民政府关于依靠科技进步推动产业结构优化升级的决定》。该决定明确提出"增创广东发展新优势，关键是增创科技新优势，推动产业结构优化升级"，"增创科技新优势，关键是落实科技是第一生产力的思想"，"落实科技是第一

---

① 参见《中共广东省委、广东省人民政府关于加速科学技术进步若干问题的决定》，1995年7月11日。

② 参见广东省档案馆：《改革开放三十年重要档案文献·广东》（中），中国档案出版社2008年版，第940—943页。

③ 中共中央文献研究室：《十四大以来重要文献选编》（下），人民出版社1999年版，第1911页。

生产力的思想，重点是紧紧围绕大力发展高新技术产业"。①该决定还通过引导全省科研院校的科研人员进入市场和初步建立起符合市场经济的科研投入机制，为克服科技与经济"两张皮"提供了实践思路。2004年8月广东省委、省政府颁发的《中共广东省委、广东省人民政府关于加快建设科技强省的决定》，将科教兴粤战略推向新阶段，指出"建设科技强省是我省率先基本实现社会主义现代化的必然选择"②，阐明广东的发展关键在科技，要以科技强省建设推动经济强省和文化大省建设，建立起适应社会主义市场经济体制、符合科技发展规律的区域创新体系。2004年颁布的《广东省人民政府关于推动我省高新技术产业持续快速健康发展的意见》提出了培养高新技术产业、用高新技术改造传统产业、推动高新技术产业化、做大做强高新技术企业、加强科技攻关等多方面的指导意见。③2006年，《中共广东省委　广东省人民政府关于提高自主创新能力提升产业竞争力的决定》将实施自主创新战略作为提高广东产业竞争力的关键，指明了未来科技发展的基本方向，旨在实现广东从制造业大省向创新大省的转变。④2008年9月召开的广东省科技大会印发了《广东省建设创新型广东行动纲要》，进一步掀起了全省自主创新的热潮。2012年党的十八大明确提出要坚持推动科学发展，实施创新驱动发展战略。经过多年的科技体制改革，广东的区域创新能力位居全国前列，再次"先行一步"承担起了率先实施创新驱动发展战略的历史重任。从"科教兴粤"到"科技强省"、

---

① 广东省档案馆：《改革开放三十年重要档案文献·广东》（中），中国档案出版社2008年版，第1065—1066页。

② 广东省档案馆：《改革开放三十年重要档案文献·广东》（下），中国档案出版社2008年版，第1512页。

③ 参见广东省档案馆：《改革开放三十年重要档案文献·广东》（下），中国档案出版社2008年版，第1550—1554页。

④ 参见广东省档案馆：《改革开放三十年重要档案文献·广东》（下），中国档案出版社2008年版，第1657页。

"创新型广东",再到"创新驱动",科技创新在经济建设领域发挥越发重要的作用,创新越发成为广东的鲜明标识。

二、广东创新发展的经验启示

在创新发展的历程中,广东始终立足实际,准确洞察国际科技发展形势,结合省内基本条件,在不同阶段采取差异化创新发展战略,循序渐进探索出一条具有广东特色的创新发展道路;始终把创新尤其是科技创新作为全党工作的重点,坚持科教兴粤,不断创新战略部署、创新体制改革、创新政策设计,多举并措构建创新强省;始终坚持宏观和微观双重治理,不断以制度供给保障和激发各创新主体活力,开创创新发展的大好局面。

(一)坚持立足实际,循序探索自主创新广东道路

坚持从实际出发是广东创新发展不断取得新成就的重要依据,在广东创新发展的各个阶段,广东始终坚持立足于广东省情和社会主义经济体制改革的需求,阶段性地制定和实施相关科技创新战略,始终坚持"科学技术是第一生产力"的方针,秉持着"经济建设必须依靠科学技术,科学技术工作必须面向经济建设"[①]的思想,构建科技创新和经济发展相互促进的机制,不断探索和发展自主创新的广东道路。在改革开放初期,广东的经济实力和科技创新能力相对落后,广东选择通过引进、消化、吸收的方式,初步发展了产业技术,培养了一定的科技人才;但随着改革开放的进一步推进,广东科技体制的缺陷进一步暴露,科技创新的诸多领域仍受到政府的过度干预,未能摆脱高度集中的计划经济思维,广东开始把科技创新的重点转向坚持以市场为导向的科技体制改革;随着经济的不断发展,经济增长模式的转型对科技发展提出了新的要求,广东进一步深化科技体

---

① 《中共中央 国务院关于加速科学技术进步的决定》,人民出版社1995年版,第5页。

制改革,通过加强科技成果转化效率,进一步提高企业创新能力,使科技创新为经济转型保驾护航。广东始终坚持从实际出发,及时准确地洞察和分析自主创新发展中遇到的机遇与挑战,善于发现新问题、提供新思路、解决新问题、取得新成就,不断推动全省创新发展突破瓶颈。

(二)坚持科教兴粤,多举并措构建科技创新强省

坚持科教兴粤是实现广东创新发展的必然选择,也是贯彻"科学技术是第一生产力"这一思想的必然要求。在经济发展初期,依靠投入大量生产要素确实能在短期内实现经济总量规模的扩张,但经济可持续发展必然要求经济增长方式由粗放型向集约型转变,科技创新的作用日益凸显。广东在改革开放之初便十分重视科技创新的重要性,自经济特区建设起,科技就开始进入经济建设的主战场,在科技体制改革和创新的历程中始终坚持市场化的改革方向,在实践中不断克服科技和经济"两张皮"的现象,不断激发广东创新活力。1998年广东省第八次党代会明确提出实施"科教兴粤"战略,自此广东省委、省政府先后提出 "加快建设科技强省""建设创新型广东"等一系列政策指令,不断把科教兴粤推向新阶段。在广东创新发展的历程中,广东通过探索科研经费投入机制、培育多元化市场创新主体、加强产学研合作、建设多功能创新平台、规范科研项目管理、支持科研人才发展、加快科研成果转化等一系列措施,进一步完善了科研体制、激活了科研活力、营造了利于创新的科研环境。随着科技创新发展和科技体制改革不断向纵深推进,广东科技创新综合实力持续上升,为科教兴粤、构建科技强省、实施创新驱动发展战略奠定了坚实基础。

(三)坚持双层治理,以制度供给激发各主体创新动力

广东在创新发展的历程中始终协调推进科技创新和制度创新,逐渐摸索出适应广东创新发展的科技创新双层治理体系:在宏观治理方面,广东始终正确处理好政府、市场的关系,逐步推动政府职能由科技资源配置向

科技管理和创新治理转变，政府和市场的边界逐渐明晰，政府主要负责顶层设计，为广东创新发展指明大方向，并通过提供科研管理制度、知识产权保护制度等制度供给，营造有利于创新发展的市场环境、政策环境、文化环境，充分激发市场主体创新活力，实现"有为政府"和"有效市场"的结合。在微观治理方面，广东逐步形成了分工合理、权责明晰、优势互补的多层次科技创新主体，其中国有创新企业和大型民营企业着重进行体量大、周期长的共性技术研究和基础研究；中小企业注重促进科技成果的应用转化；科研所主要面向企业提供应用性研究成果；高校主要负责为创新发展提供人才、技术、知识保障①。由政府主导搭建起科技创新支撑平台，基于资源共享、利益共享、风险共担的原则打造多主体协同的创新链条，并通过完善激励和约束机制激发各主体创新积极性。通过不断完善宏微观双层治理，广东一步步开创了创新发展的大好局面。

▼第四节 "三大动力"推动广东现代化建设的内在联系

"三大动力"是广东最鲜明的标识，但三者不是孤立发生作用的，而是始终互相联系，共同服务于广东现代化建设。其中，改革是广东再造体制机制新优势的关键一招，是开放和创新得以稳步推进的基础保障；开放是广东再造发展空间新优势的直接手段，是改革和创新得以纵深推进的必由之路；创新是广东再造发展活力新优势的动力源泉，是改革和开放得以全面深化的关键引擎。要以系统性思维看待"三大动力"的辩证联系，始

---

① 参见韩凤芹、陈亚平：《适应高水平自立自强的科技创新双层治理逻辑与实现路径》，《中国科技论坛》2023年第9期。

终坚持全面深化改革、坚持高水平对外开放、坚持走自主创新道路，以改革激动力、以开放聚动力、以创新增动力，助力广东在推进中国式现代化建设中走在前列。

一、改革是开放、创新得以稳步铺展的基础保障

改革是广东现代化建设再造体制机制新优势的关键一招，也是开放和创新得以稳步推进的基础保障。在改革、开放、创新"三大动力"中，改革激发的是基础性、全局性、牵引性的动力。[①]广东始终坚持解放思想、实事求是，弘扬"敢闯敢试、敢为人先"的改革精神，以全面深化改革不断破除不利于生产力发展的体制机制障碍，推动制度创新，增创广东体制机制优势。如果没有改革，就没有从计划经济向市场经济的历史性变革；如果没有改革，就没有从落后封闭的农业经济向开放型经济的历史性转折；如果没有改革，就没有从依靠资源投入带动经济发展向创新驱动发展的历史性变化。在深化改革的进程中，广东始终以思想观念的解放和体制机制的变革为扩大开放和创新发展扫清障碍，形成了改革、开放、创新互融互促的大好局面，共同谱写了广东发展的历史篇章。当前，世界百年未有之大变局加速演进，国际市场的动荡和新一轮科技革命给广东发展带来的机遇与挑战并存，必须牢牢锚定"走在前列"的总目标，以改革的方法推进改革，提振改革精气神，发挥人民群众首创精神，坚持问题导向，在重要领域和关键环节攻坚克难，以系统性思维推进深化改革，以市场经济体制改革带动对外制度型开放、科技体制创新和科技创新，增强各领域改革的协同性，不断为开放、创新夯实物质基础和提供制度供给，凝聚改革、开放、创新形成合力，共同服务于广东现代化建设。

---

① 参见《激活改革动力，再造体制机制新优势——认真学习贯彻省委十三届三次全会精神》，《南方日报》2023年6月26日。

二、开放是改革、创新得以纵深推进的必由之路

开放是广东现代化建设再造发展空间新优势的直接手段，也是改革和创新得以纵深推进的必由之路。对外开放始于解放思想引领的制度改革和创新，但一经打开对外开放的大门，便形成了对改革和创新的倒逼机制，同时也为改革和创新提供了手段，形成了以开放促改革、以开放促创新的发展基调。改革开放初期我国在经济发展水平和科技创新实力方面与世界上的主要经济体存在较大差异，始于经济特区的建设，广东吹响了对外开放的号角，通过对外贸易、对外投资、产业转移、国际分工、科技合作等手段，在短期内为广东的经济建设和科技发展打下了一定的基础，随着对外开放的提质扩面，广东逐渐形成了宽领域、广覆盖、多层次的对外开放格局，跃升成为我国第一贸易大省，不断为我国社会主义经济体制改革和科技创新积累宝贵经验和物质基础。当今世界经济复苏动力不足、逆全球化思潮涌动，党中央基于国内外经济基本面明确指出要构建以国内大循环为主体、国内国际双循环相互促进的新发展格局作为推动高质量发展的战略基点，这一开放战略的转型为广东深化改革和创新发展带来了新的契机：一方面，构建新发展格局要求高水平、宽领域、深层次的对外开放，进一步发挥先行优势和毗邻港澳、海外侨胞众多的竞争优势，在CEPA框架下全面展开粤港澳合作。通过抢占历史机遇，提高对外开放水平，不断提高对外开放的广度、深度，以外源动力推动内部改革创新，促进国内经济体制、机制、政策的深层次改革，并不断加强国际科技合作，着力解决科技创新共性问题，克服"卡脖子"现象，提高我国科技综合实力。另一方面，构建新发展格局要求巩固国内大循环的主体地位，打通国内经济循环堵点，加强省际合作、城市间合作，进一步发挥东西两翼地区临海优势，增强广州、深圳辐射带动能力，要求珠三角地区积极联动长三角、京

津冀等大型经济圈,不断倒逼经济体制改革,不断破除区域间商品和生产要素流通、产业分工、科技合作的体制机制障碍,加快构建全国统一大市场和跨区域创新平台,助力实现科技高水平自立自强。必须坚持通过区域合作与国际合作相结合,充分调动国内外一切积极因素,为深化改革和创新发展开辟道路。

三、创新是改革、开放得以全面深化的关键引擎

以科技创新为核心的全面创新是广东现代化建设再造发展活力新优势的动力源泉,也是改革和开放得以全面深化的关键引擎。广东始终将创新一以贯之于改革开放的全过程中,以理论创新、制度创新、科技创新不断推动改革和开放迈向新台阶。从理论创新来看,社会主义本质论的提出点明了"社会主义的本质,是解放生产力,发展生产力,消灭剥削,消除两极分化,最终达到共同富裕"[①]。市场经济理论回答了改革姓"资"还是姓"社"的问题,为经济体制改革奠定了思想基础。从制度创新来看,深化改革开放的每一进程都以顶层设计的制度创新和政策创新为先导,广东率先建立经济特区,逐步探索由计划经济向市场经济、由封闭经济向开放经济的转型路径,并逐步在价格流通制度、企业产权制度、对外贸易制度、科研制度等多领域开拓创新道路,以制度创新赋能基层实践,在改革开放道路上一路攻坚克难,取得显著成果。从科技创新来看,经济增长模式转型、产业结构调整和实现高质量发展离不开科技创新的驱动,广东从引进技术到模仿创新再到自主创新,从科教兴粤到科技强省再到建设创新型广东,不断以科技创新推动经济发展动能转换,同时,广东通过改革科技创新体制、加强区域和国际科技合作、培育创新主体、增加创新投入、

---

① 《邓小平文选》第3卷,人民出版社1993年版,第373页。

搭建创新平台、加快科技成果转换等多方面举措逐步发展了对内面向经济建设、对外对接国际标准的科学技术，实现科技创新整体实力的跃升，为我国面对日益严峻的国际竞争和挑战提供了最大底气，使我国在国际分工和贸易中牢牢把握话语权。在世界百年未有之大变局下，广东更应该坚持走独立自主的创新道路，坚持将科技引进、消化、吸收、创新相结合，不断推进理论创新、制度创新、科技创新，统筹推进构建教育强省、人才强省、科技强省，以全过程创新生态链不断赋能深层次改革和高水平开放。

第三章

激活广东现代化建设的改革动力

CHAPTER3

中共中央总书记、国家主席习近平在广东考察时强调："广东是改革开放的排头兵、先行地、实验区，在中国式现代化建设的大局中地位重要、作用突出。"①步入新时代，改革成为激发广东省高质量发展的内生动力，更是推动中国特色社会主义进入新时代的强大引擎，只有不断实施全域深化改革才能打破束缚生产力和生产关系发展的桎梏，释放经济增长潜力，发挥区域比较优势，为全面建设社会主义现代化广东提供坚实的物质基础和制度保障。在党的坚强领导下，广东省提出一系列创新战略，推进一系列改革举措，破解一系列发展难题，创造一系列伟大成就，在百年未有之大变局时代背景下，以改革之不变应变局之万变，为新时代全面深化改革贡献广东成果、广东经验、广东智慧。

▼ 第一节　习近平总书记关于改革的重要论述

惟改革者进，惟创新者强，惟改革创新者胜。习近平总书记关于改革的重要论述为我国改革提供了理论和实践指导，深刻揭示了改革的规律，总结了改革的宝贵经验，立足国内和国际，统揽全局，对我国改革提出了一系列新思想、新战略、新理念，提出全面深化改革的总目标是完善和发展中国特色社会主义制度、推进国家治理体系和治理能力现代化。总目标的明确是基于我国在改革过程中治理理论的凝结和实践经验的积淀，是未来党和国家执政的长期重大方略，是建设中国特色社会主义的强大推

---

① 《坚定不移全面深化改革扩大高水平对外开放　在推进中国式现代化建设中走在前列》，《人民日报》2023年4月14日。

动力。

一、习近平总书记关于改革重要论述的理论渊源

习近平总书记关于改革的重要论述来源于我国改革理论和改革实践的相互渗透和相互促进，在实践上，它来源于对中国实际国情的考察，对世界动荡局势的思考和执政为民的忧患意识；在理论上，习近平改革思想继承和发扬了马克思、恩格斯、列宁等改革理论，同时在中国历代领导人改革理论的基础上进一步完善和成熟习近平新时代中国特色社会主义思想，从而实现马克思主义理论中国化的又一次飞跃。习近平总书记关于改革的重要论述是习近平新时代中国特色社会主义思想的重要组成部分，扎根于改革开放以来的伟大实践，是党的十八大以来全面深化改革形成的理论精华。

（一）马克思主义经典作家改革思想

"行政体制改革是推动上层建筑适应经济基础的必然要求。"① 习近平总书记关于行政体制改革的论述是对马克思生产力与生产关系相互作用理论的深刻认识，"一切历史冲突都根源于生产力和交往形式之间的矛盾"②。社会冲突是生产力和生产关系的矛盾发展到一定程度的产物，生产力的变化会引起生产关系的变革，生产关系也对生产力起到阻碍或推动作用。社会基本矛盾推动社会的发展处于螺旋演进、动态变化之中，矛盾始终贯穿于人类生产生活历史中。改革在解决矛盾的同时极大促进了社会的稳定和进步，不同时期的矛盾具有异质性，改革也随之辩证运动。恩格斯认为，"所谓'社会主义社会'不是一种一成不变的东西，而应当和

---

① 《习近平谈改革开放》，《人民日报》海外版2018年11月14日。
② 《马克思恩格斯文集》第1卷，人民出版社2009年版，第567—568页。

任何其他社会制度一样，把它看成是经常变化和改革的社会"①。没有一劳永逸的改革，也没有古今一辙的社会，社会矛盾运动和改革动态调整相互交织，只有持续不断地推进改革才能有效应对错综复杂的社会矛盾。习近平总书记强调，"实践证明，唯改革才有出路，改革要常讲常新"②。这一论述是对马克思主义改革思想的继承和发扬。社会的发展是灵活多变的，不能教条地理解马克思基本原理，不能机械地实行社会主义改革，"马克思的整个世界观不是教义，而是方法。它提供的不是现成的教条，而是进一步研究的出发点和供这种研究使用的方法"③。党的十八大以来，习近平总书记把握改革的规律和特点，立足国内外宏观全局，以马克思主义方法论为指导，形成了丰富、全面、系统的改革重要论述。

（二）中国特色社会主义改革思想

中国特色社会主义改革思想分为三个时期，即起步探索期、持续推进期与稳步拓展期。

起步探索期（1978—1992年）的改革思想主要是解放思想。邓小平指出："解放思想，开动脑筋，实事求是，团结一致向前看，首先是解放思想。"④其中，"'实事'就是客观存在着的一切事物，'是'就是客观事物的内部联系，即规律性，'求'就是我们去研究"⑤。"实事求是"就是从宇宙客观事物中抽象出万事万物的规律联系作为指导我们认识世界、改造世界的行动指南。什么是"解放思想"？"解放思想，就是使

---

① 《马克思恩格斯文集》第10卷，人民出版社2009年版，第588页。

② 《全面落实"十三五"规划纲要 加强改革创新开创发展新局面》，《人民日报》2016年4月28日。

③ 《马克思恩格斯文集》第10卷，人民出版社2009年版，第691页。

④ 《邓小平文选》第2卷，人民出版社1994年版，第141页。

⑤ 《毛泽东选集》第3卷，人民出版社1991年版，第801页。

思想和实际相符合，使主观和客观相符合，就是实事求是。"①邓小平将实事求是和解放思想二者有机结合在一起，解放思想是实事求是的必要前提，实事求是是解放思想的现实基础，脱离解放思想，实事求是只能是固步自封、本本主义式的孤芳自赏；离开实事求是，解放思想只能是不切实际、大放卫星式的胡思乱想。

持续推进期（1992—2002年）的主旋律是廓清社资关系和推进改革。"社会主义崩溃论"甚嚣尘上，姓"资"姓"社"问题争论不休，对改革的质疑声此起彼伏，如何科学、系统、彻底批驳针对改革的种种谬论成为党和国家亟待解决的难题，如何有效、坚决、持续维护实施改革的累累硕果成为党和国家迫切关心的问题。1992年邓小平在南方视察时指出："要害是姓'资'还是姓'社'的问题。判断的标准，应该主要看是否有利于发展社会主义社会的生产力，是否有利于增强社会主义国家的综合国力，是否有利于提高人民的生活水平。""计划多一点还是市场多一点，不是社会主义与资本主义的本质区别。计划经济不等于社会主义，资本主义也有计划；市场经济不等于资本主义，社会主义也有市场。计划和市场都是经济手段。社会主义的本质，是解放生产力，发展生产力，消灭剥削，消除两极分化，最终达到共同富裕。"②社会主义是要消灭资本主义市场经济，而不是消灭市场经济。资本主义市场经济是以使用价值为手段追逐剩余价值，社会主义市场经济是以价值为手段实现共同富裕，③消灭资本主义市场经济就是从根源上剥离资本主义资本的剥削性质，引导公有制资本作为投入要素推动社会主义社会经济发展，最大化市场经济中公有制资本

---

① 《邓小平文选》第2卷，人民出版社1994年版，第364页。

② 《邓小平文选》第3卷，人民出版社1993年版，第372、373页。

③ 鲁品越、王玉：《论社会主义市场经济与资本主义市场经济的本质区别——对恩格斯"消除商品生产"思想的当代解读》，《理论学刊》2013年第1期。

的积极作用。

稳步拓展期（2002—2012年）的工作重点在于统筹改革发展、稳定完善改革。"改革是动力，发展是目标，稳定是前提。没有改革，我们就不可能走出一条建设有中国特色社会主义的正确道路，我们的事业就不可能顺利前进；没有发展，我们就不可能实现现代化，也就不可能保持党和国家长治久安；没有稳定，改革和发展都无从进行。"[①]"把促进改革发展同保持社会稳定结合起来，强调我们既大力推进改革发展，又正确处理改革发展稳定关系，坚持改革是动力、发展是目的、稳定是前提，坚持把改革的力度、发展的速度和社会可承受的程度统一起来，把不断改善人民生活作为处理改革发展稳定关系的重要结合点，在社会稳定中推进改革发展，通过改革发展促进社会稳定。"[②]南斯拉夫、波兰、匈牙利等社会主义国家的改革在经历种种波折后，最终导致东欧剧变，经济崩溃，国家分裂，社会主义阵营遭受重创，东欧国家改革的惨痛经验让我国认识到改革、发展、稳定的内在联系和有机统一，现代化建设必须是循序渐进式的稳扎稳打，确保改革切中要害，社会发展稳中向好。只有稳定的社会内外部发展环境才能支撑改革顺利推进，改革的顺利推进也进一步巩固了社会的稳定发展。

二、习近平总书记关于改革重要论述的主要内容

全面深化改革是中国系统性深层次的全面变革，是推动新时代中国特色社会主义现代化强国建设的关键动力，改革任务繁重，背后存在各种利益纠葛。习近平总书记关于全面深化改革的重要论述运用马克思主义唯物史观和唯物辩证法，再结合中华优秀传统文化中的改革思维，不断融合升

---

① 《江泽民文选》第1卷，人民出版社2006年版，第365页。
② 胡锦涛：《中国未来发展仍需改革开放》，《中国科技产业》2009年第1期。

华，提炼历史规律和改革特征，提出了一系列高瞻远瞩的重大战略决策。从改革的历史起点出发，搭建出改革的宏大理论和实践框架，细化具体实施举措，与时俱进，不断优化改革路径和方法，取得了辉煌的改革成就，是决定中国发展命运、世界发展前景的关键一招。

（一）为什么全面深化改革

党的十八届三中全会明确提出："全面深化改革的总目标是完善和发展中国特色社会主义制度、推进国家治理体系和治理能力现代化。"全面深化改革总目标的提出从宏观层面回答了"为什么全面深化改革"①。党的二十大报告指出，我国经济结构性体制性矛盾突出，深层次体制机制问题和利益固化藩篱日益显现，民生保障存在不少薄弱环节等等，全面深化改革就是要破除制约我国发展的矛盾，解放生产力。习近平总书记指出："应对当前我国发展面临的一系列矛盾和挑战，关键在于全面深化改革。"②习近平总书记坚持历史唯物主义，深刻把握改革的历史必然性和时代使命，"历史、现实、未来是相通的。历史是过去的现实，现实是未来的历史。要把党的十八大确立的改革开放重大部署落实好，"就要认真回顾和深入总结改革开放的历程，更加深刻地认识改革开放的历史必然性，更加自觉地把握改革开放的规律性，更加坚定地肩负起深化改革开放的重大责任"③。全面深化改革是建设我国社会主义现代化的强大推动力，"全面深化改革，关系党和人民事业前途命运，关系党的执政基础和执政地位。在整个社会主义现代化进程中，我们都要高举改革开放的旗帜，决不能有丝毫动摇"④。

① 《切实把思想统一到党的十八届三中全会精神上来》，《人民日报》2014年1月1日。

② 《在湖北考察改革发展工作时的讲话》，《人民日报》2013年7月24日。

③ 《十八届中共中央政治局第二次集体学习》，《人民日报》2013年1月2日。

④ 《在中共十八届三中全会第二次全体会议上的讲话》，《人民日报》2013年11月12日。

（二）什么是全面深化改革

全面深化改革是触动利益最广、涉及关系最深、整治力度最大、管控难度最高的改革。"全面"，即如习近平总书记指出的："全面深化改革，全面者，就是要统筹推进各领域改革。"①全面深化改革首先强调改革的整体性和系统性，"我们在考虑这次三中全会议题时，就提出要制定一个全面深化改革的方案，而不是只讲经济体制改革，或者只讲经济体制和社会体制改革。"②"全面深化改革涉及党和国家工作全局，涉及经济社会发展各领域，涉及许多重大理论问题和实际问题，是一个复杂的系统工程"。"深化"，即习近平总书记所讲的："我国改革已经进入攻坚期和深水区，进一步深化改革，必须更加注重改革的系统性、整体性、协同性，统筹推进重要领域和关键环节改革。"③"深化"表明全面深化改革是改革开放的加强版和升级版，新在全面，难在深化。党的十八届三中全会提出"七个紧紧围绕"全面深化改革路线图，党的十九届五中全会提出"四个全面"战略布局，党的二十大与二十届二中全会部署"7+1"重点改革领域，构建全面深化改革"四梁八柱"总布局。党的十九届四中全会围绕全面深化改革总目标，进一步提出"十五个坚持"等重大问题的决定。这些都是全面深化改革的具体方案部署和战略规划。

（三）怎么样全面深化改革

怎么样全面深化改革涉及辩证唯物主义方法论，"在全面深化改革中，我们要处理好尊重客观规律和发挥主观能动性的关系"④。在意识形态上，首先要解放思想，胆大心细，"在深化改革问题上，一些思想观

---

① 《全面深化改革总目标的科学内涵》，《人民日报》2022年4月14日。
② 《在十八届中央政治局第十一次集体学习时的讲话》，《人民日报》2013年12月3日。
③ 《在广东考察工作时的讲话》，《人民日报》2012年12月7日。
④ 习近平：《坚持历史唯物主义不断开辟当代中国马克思主义发展新境界》，《奋斗》2020年第2期。

念障碍往往不是来自体制外而是来自体制内"。"提出改革举措当然要慎重，要反复研究、反复论证，但也不能因此就谨小慎微、裹足不前，什么也不敢干、不敢试。"①只有解放思想，做事谨慎，才能抓住矛盾的关键，提出创新性解决方案。全面深化改革要以经济体制改革为轴心，经济基础决定上层建筑，习近平总书记强调："在全面深化改革中，我们要坚持以经济体制改革为主轴，努力在重要领域和关键环节改革上取得新突破，以此牵引和带动其他领域改革，使各方面改革协同推进、形成合力，而不是各自为政、分散用力。"②为发挥经济体制改革引领作用，党和国家高度重视对外开放工作，以对外开放促进全面深化改革，"坚定不移全面深化改革扩大高水平对外开放"③。新时代，我国发展将面对新形势、新任务和新要求，"全面深化改革，关键是要进一步形成公平竞争的发展环境"④。全面深化改革，可以激活市场竞争活力，为发展提供良好的政务服务，为企业提供良好的营商环境，为社会提供和谐稳定的运行条件。

三、习近平总书记关于改革重要论述的意义

习近平总书记关于改革的重要论述成果斐然，其改革的举措之广、力度之大、执行之坚决、成效之卓越前所未有。党的十八大以来，习近平总书记围绕党和国家重大发展需求，深入各地基层调研考察，深刻把握社会发展矛盾运动规律，提出一系列切中要害、直击痛点、切实可行的改革新思想、新方案、新要求。在政治方面，习近平总书记全面系统的改革重要

---

① 《关于〈中共中央关于全面深化改革若干重大问题的决定〉的说明》，《人民日报》2013年11月16日。

② 中共中央文献研究室：《十八大以来重要文献选编》（上），中央文献出版社2014年版，第551页。

③ 《在广东考察工作时的讲话》，《人民日报》2012年12月7日。

④ 《习近平法治思想中的公平竞争法治观》，中国社会科学网2021年1月6日。

论述为我国现代化建设指明前进方向和道路；在理论方面，我国全面深化改革的新实践实现了马克思主义中国化的伟大飞跃；在实践方面，各项改革措施的有效落地推动了中国式现代化进程，为中华民族伟大复兴奠定了坚实的基础。

（一）政治意义：为全面深化改革指明前进的方向和道路

习近平总书记指出："全面深化改革是有方向、有立场、有原则的改革。我们当然要高举改革旗帜，但我们的改革是在中国特色社会主义道路上不断前进的改革，既不走封闭僵化的老路，也不走改旗易帜的邪路。"[①]在改革的方向上，习近平总书记强调必须高举中国特色社会主义伟大旗帜，走社会主义市场经济发展道路，我们要充分借鉴苏联解体、东欧剧变的历史经验教训，坚定改革信心，端正改革态度，发扬改革精神，落实改革措施。在改革立场上，习近平总书记提出："切实做到人民有所呼、改革有所应。"[②]全面深化改革时刻以人民为中心，坚持以人民的利益为立场，聚焦民之所盼，改革之所念，使改革的成果与人民共享。在改革的原则上，我们必须坚持党对改革的统一领导，只有全党全国全民万众一心，统一思想、意志、行动，才能从一个胜利不断走向一个胜利，否则改革的内部阻力将削弱改革的力度和效果，不利于我国彻底解决困扰党和国家的顽疾。

（二）理论意义：实现了马克思主义中国化的伟大新飞跃

习近平总书记关于改革的重要论述是习近平新时代中国特色社会主义思想的重要组成部分，它深刻回答了新时代坚持和发展什么样的中国特色社会主义改革开放，怎样坚持和发展中国特色社会主义改革开放，在实现对中国特色社会主义改革开放规律新认识的同时，也实现了马克思主义

---

① 《在广东考察工作时的讲话》，《人民日报》2012年12月7日。
② 《主持召开中央全面深化改革领导小组第十一次会议》，《人民日报》2015年4月2日。

中国化的伟大新飞跃。"改革开放是决定当代中国命运的关键一招。我们将总结经验、乘势而上，继续推进国家治理体系和治理能力现代化，坚定不移深化各方面改革，坚定不移扩大开放，使改革和开放相互促进、相得益彰。"①习近平总书记关于改革的这一论述指出我们要坚持和发展改革与开放协同共进的中国特色社会主义改革模式，只有持续扩大改革开放的窗口，执行"走出去，引进来"的开放政策，才能推动我国在改革开放中解放生产力、在改革开放中融入经济全球化竞争与合作。习近平总书记对改革开放是"决定当代中国命运的关键一招"的定位和"使改革和开放相互促进、相得益彰"等的政策理解是马克思主义中国化的伟大新飞跃，是对我国实际国情和马克思主义基本原理继承基础之上的理论突破和实践指导，是通过历史实践得出的真知灼见。

（三）实践意义：以中国式现代化推进中华民族伟大复兴

"中国全面深化改革，不仅将为中国式现代化建设提供强大推动力量，而且将为世界带来新的发展机遇。"②习近平总书记关于改革的重要论述揭示了全面深化改革在我国现代化建设实践过程中的重大作用：全面深化改革为中国式现代化奠定了坚实的物质基础，为中国式现代化的社会制度、国家治理体系和国家治理能力提供完善的制度保障，为中国式现代化的推进创造良好的社会环境和市场主体。以中国式现代化推进中华民族伟大复兴，必须由改革提供不竭动力，习近平总书记关于改革的重要论述针对我国经济体制、政治体制、社会保障体制等存在的矛盾和缺陷做出重要指导和战略部署，为加强和巩固我国各领域各行业的生产力和上层建筑之间的协调互促提供方法指引和理论依据。改革是中国式现代化推动中华

---

① 《在新一届中共中央政治局常委同中外记者见面会上表示》，《人民日报》2017年10月26日。

② 《在布鲁日欧洲学院的演讲》，《人民日报》2014年4月1日。

民族伟大复兴的催化中介和加速引擎，习近平总书记关于改革的重要论述在更深层次、更大范围、更宽领域内领导全社会以中国式现代化全面推进中华民族伟大复兴，不断开拓进取，彰显中国特色社会主义的制度优势和中国式现代化建设的卓越成效。

▼ 第二节　新时代全面改革中的广东成就

党的二十大报告指出："新时代十年的伟大变革，在党史、新中国史、改革开放史、社会主义发展史、中华民族发展史上具有里程碑意义。"进入新时代，党以壮士断腕的决心进行自我革命，领导社会主义改革，加强和完善党的领导作用，全面深化改革，推进中国式现代化发展道路，稳扎稳打，一步一个脚印迈向中华民族伟大复兴。广东坚定不移地全面贯彻落实习近平新时代中国特色社会主义思想，聚焦国家大政方针，推动各行各业协同发展，取得了令人瞩目的成就。广东是改革开放的排头兵、先行地、实验区，在我国社会主义现代化建设中发挥着不可替代的先锋作用，我们要总结并推广广东改革经验成果，为深入推进社会主义建设伟大工程贡献实践智慧。

一、政治生态不断净化优化[①]

"政治生态"是政党系统内部政治权力结构、政治运行机制、政治行为方式之间相互作用影响产生的人文环境和政治状态。[②]党的十八大以

①　本小节数据来源于中国共产党广东省第十三届纪律检查委员会第二次全体会议工作报告。
②　王逗见：《习近平党内政治生态思想体系的基本逻辑架构》，《深圳大学学报》人文社会科学版2023年第4期第40卷。

来，为了加强和完善党的领导地位，习近平总书记提出"党要管党，全面从严治党"①的战略部署。在具体措施上，党的二十大报告指出，坚持和加强党中央集中统一领导；坚持不懈用新时代中国特色社会主义思想凝心铸魂；完善党的自我革命制度规范体系；建设堪当民族复兴重任的高素质干部队伍；增强党组织政治功能和组织功能；坚持以严的基调强化正风肃纪；坚决打赢反腐败斗争攻坚战持久战。全面从严治党是实现党自我革命的必由之路，广东在推进全面从严治党工作中，应不断优化净化政治生态，为更好服务人民群众、服务高质量经济发展提供制度保障。

政治监督方面，广东省坚定"两个确立"，做到"两个维护"，在干部提拔、城市更新和政务处理等方面加强监督审查力度，严肃问责失责失职人员。在开展疫情防控、推进稳住经济一揽子政策过程中，发现并督促整改问题830个，开展城市更新专项督查"回头看"，督促整改问题115个。全省党风廉政意见回复暂缓使用、不宜使用3057人，坚决防止"带病提拔""带病提名"。认真处置中央生态环保督察移交的问题线索，精准问责45人。在调查省第十六届运动会假球事件时，依规依纪问责失职失责人员16人，公开通报曝光。

惩治腐败方面，广东省敢于斗争、善于斗争，贯彻习近平总书记"坚持无禁区、全覆盖、零容忍，不敢腐、不能腐、不想腐一体推进"②反腐斗争指导思想，"老虎""苍蝇"一起打，以全面反腐斗争助力全面深化改革。全省纪检监察机关立案审查调查3.4万件，处分2.7万人，移送检察机关审查起诉1096人；立案审查调查省管干部63人、处级干部1630人。追回外逃人员104人，其中"红通人员"6人、监察对象22人，追回赃款4.1

---

① 《在庆祝改革开放40周年大会上的讲话》，新华社2018年12月18日。

② 习近平：《健全全面从严治党体系　推动新时代党的建设新的伟大工程向纵深发展》，《求是》2023年第12期。

亿元。聚焦工程建设、土地审批、国企、金融等腐败易发多发领域，严肃查处郑人豪等官商勾结典型案件。深入推进粮食购销领域腐败问题专项整治，全省立案审查调查934人。严肃查处多次行贿、巨额行贿、向多人行贿等行为，全省移送检察机关审查起诉涉嫌行贿犯罪人员304人。全省纪检监察机关运用"四种形态"批评教育和处理7.5万人。全省查处享乐主义、奢靡之风问题2592个，处分3095人，党风政风方面，深挖彻查违纪违法案件中的"四风"问题，通报省管干部典型问题15起。加强对领导干部违规兼职取酬问题的监督执纪执法，发现问题2707个，清退金额3967万元，处分101人；查处形式主义、官僚主义问题1394个，处分1918人。全省查处群众身边腐败和作风问题5379个，处分6943人；查处涉黑涉恶腐败及"保护伞"934人，处分779人。

"我们把党的政治建设作为党的根本性建设，把思想建设作为党的基础性建设。"[①]在党的政治建设中，广东省高度重视党的队伍对习近平新时代中国特色社会主义思想的学习和领悟，提高队伍依法履职能力，推动硬约束与软激励结合的管理模式。坚持第一议题制度，召开45次省纪委常委会会议、理论学习中心组学习会；成立省监委首届专家咨询委员会。全面实施全省纪检监察队伍能力提升行动计划，举办培训班1719期，培训干部9.2万余人次。全省谈话函询纪检监察干部258人，处分104人，移送检察机关审查起诉6人。2023年上半年，全省纪检监察机关立案数同比增长5.1%，给予党纪政务处分人数同比增长13.1%，全省有1143人向纪检监察机关主动投案。

以上数据充分表明广东严格落实中央八项规定，坚决执行习近平总书记重要讲话精神，落实政治改革举措，严厉打击党内政治生活腐败现象，

---

① 《〈求是〉杂志发表习近平总书记重要文章　健全全面从严治党体系　推动新时代党的建设新的伟大工程向纵深发展》，《人民日报》2023年6月16日。

给予党员干部正确的价值取向，规范党员行为方式，促进社会公平正义，打击市场寻租空间和寻租动机，节约社会交易成本，有利于经济高质量高效率高效益发展。政治生态的不断优化净化凸显了党的先进领导作用，保证了党的纯洁性，提高了党员的战斗力和对不良诱惑的抵抗力，凝聚了党员干部为人民服务的决心，激发了党组织活力，不断提升党的自我革新能力，确保党在建设中国特色社会主义的过程中不忘初心、始终保持先进性和核心领导地位。

二、高质量发展迈出大步

什么是高质量发展？习近平总书记指出："高质量发展就是能够很好满足人民日益增长的美好生活需要的发展，是体现新发展理念的发展，是创新成为第一动力、协调成为内生特点、绿色成为普遍形态、开放成为必由之路、共享成为根本目的的发展。"[①]党的二十大报告强调："中国式现代化的本质要求是：坚持中国共产党领导，坚持中国特色社会主义，实现高质量发展。""我国社会主要矛盾是人民日益增长的美好生活需要和不平衡不充分的发展之间的矛盾。"不平衡和不充分的发展是制约高质量发展的瓶颈，高质量发展是统一生产力和共同富裕之间内在联系的必然要求，而改革就是解决目前我国社会主要矛盾的重要手段，也是推进广东省现代化建设的主要推动力，只有彻底解决制约人民日益增长的美好生活需要，才能从根本上实现高质量发展。

经济高质量发展本质上是追求质和量达到更高目标，推动新质生产力持续发展，满足人民日益增长的美好生活需要。[②]衡量广东高质量发展要从多维角度出发，结合新时代中国特色社会主义高质量发展指导思想，量

---

① 《论把握新发展阶段、贯彻新发展理念、构建新发展格局》，新华社2021年8月16日。
② 金碚：《关于"高质量发展"的经济学研究》，《中国工业经济》2018年第4期。

化指标包括但不限于经济结构优化、创新驱动发展、资源高效配置、市场机制完善、经济增长稳定等。[①]为直观简要地表示高质量发展水平，选择第三产业占比反映经济结构的优化，R＆D经费投入强度反映创新驱动发展，资本效率和劳动效率反映资本配置水平，资本要素市场化程度和劳动要素市场化程度反映市场机制完善程度，生产者物价指数和消费者物价指数反映经济增长稳定性。统计和计算[②]结果见下图。

图3-1　经济结构

由图3-1可知，新时代广东第三产业占比从2012年开始逐年上升，并基本维持在0.55的高位水平，考虑到新冠疫情对经济发展的影响，广东经济结构在未来仍有一定优化空间。

通过计算，广东规模以上企业的R＆D经费[③]投入强度从2012年到2021年基本稳定在2%左右。2012年至2021年规模以上工业企业的R＆D经费增长率分别为15%、11%、10.6%、10%、11%、13%、10%、8%、16%，R

---

① 魏敏、李书昊：《新时代中国经济高质量发展水平的测度研究》，《数量经济技术经济研究》，2018年第11卷第35期。

② 数据来源：国家统计局官网和广东省统计年鉴。

③ 注：企业R＆D经费投入也是衡量地区高质量发展水平的重要指标。

&D经费投入与经济增长基本保持同步水平。有效专利数量和技术市场成交额逐年上涨，人均占有量逐年稳定增长，2012年至2017年，技术市场成交额占比由0.6元增加并稳定至1元左右，到2021年快速上升到3.3元，即每百元GDP形成3.3元技术市场成交额。这反映广东对科技创新投入力度的不断加大，创新成果不断丰富，创新驱动力不断增强。

单位：项

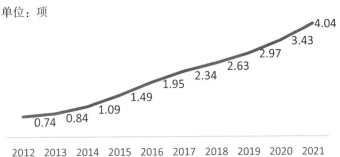

图3-2　每千人人均专利占有量

劳动效率，即每一单位从业人员创造的GDP数量是呈现不断上升趋势，反映了广东劳动资源配置效率的不断优化，市场劳动需求和供给错配现象减少，摩擦性失业和结构性失业矛盾有效缓和。资本效率，即每一单位固定资本投资带动的GDP增加值稍有下降，但这在我国整体投资回报率长期下降的大环境下仍表现出较好的拉动作用。广东在经济发展过程中资源配置相对合理，充分利用了生产要素，为产业升级转型、推动高质量发展提供了重要保障。

市场机制的完善程度反映地区经济的活力、质量和效率。广东资本要素市场化程度和劳动要素市场化程度在整体上趋于上升，其中，资本要素市场化程度高于劳动要素市场化程度，但是劳动要素市场化程度保持稳中有进，资本要素市场化程度的波动幅度明显。总体上，广东经济保持着充沛的活力，市场化经营条件得到改善，资本和劳动要素流动畅通。

CPI，即居民消费价格指数，是反映产业链下游消费端城乡居民消费商品和服务时名义货币价格水平变动的衡量指标。PPI，即工业生产者出厂价格指数，反映产业链上中游工业企业产品出厂价格变动的衡量指标。理论上，PPI指标的变动最终会从生产端传导至CPI消费端，使得PPI和CPI指标在变动上大致同步，但是2014年后，CPI和PPI数据偏离幅度扩大，PPI波动相对剧烈，而CPI波动幅度相对平稳。参考已有研究可知，[①]广东的外贸规模庞大，PPI对诸如能源价格、汇率等国外经济环境的影响相对敏感，但是相对平稳的CPI数据表明中央和广东的宏观调控政策发挥了巨大作用，通过逆周期货币政策的调整，平抑了CPI的周期性波动，同时CPI和PPI的联动性减弱也说明广东经济抗风险能力和产业链供应链韧性得到显著加强，经济增长稳定性高，表明广东不折不扣地落实中央高质量发展理念，取得了令人民满意的成绩。

新时代，广东在中央高质量发展理念的指导下，各指标稳中有进，经济结构向合理化高级化方向优化，企业创新能力迈上新台阶，整体社会资源得到高效配置，有效释放市场经济活力，经济增长稳定性进一步得到强化。高质量发展的成就证明广东各方面改革相互协调、相互配合、相互促进，使"有效市场"和"有为政府"相得益彰，为推动广东加快实现社会主义现代化提供经济基础和上层建筑双保障。

三、"两个重要窗口"作用更加凸显

习近平总书记指出："广东既是向世界展示我国改革开放成就的重

---

① 倪红福、闫冰倩、吴立元：《生产链长度与PPI—CPI分化——基于全球投入产出价格模型的分析》，《中国工业经济》2023年第6期。

要窗口，也是国际社会观察我国改革开放的重要窗口。"①"两个重要窗口"是新时代对广东改革开放提出的新期望、新重任与新起点，它的提出是对广东作为连接中国与世界重要枢纽的高度肯定，赋予了广东光荣使命与新的奋斗目标。中国特色社会主义新时代是广东改革开放面临的新挑战，也是广东未来发展的新机遇。如何继往开来在变化莫测的世界格局中持续开拓进取，如何打造高科技产业集群以高标准严要求完成产业转型升级，如何形成更高层次、更高质量、更高目标的改革新格局，如何更加凸显广东"两个窗口"作用，是全国人民对广东改革开放发出的时代之问、人民之问，广东任重而道远。

新时代，广东扎实抓好"双区"，即"粤港澳大湾区、深圳先行示范区"和横琴、前海、南沙三大平台建设。横琴致力于推进琴澳一体化建设；前海加快打造高水平改革开放新平台、对外开放新型国际化中心和国内外交流新聚集地；南沙力争经济实现高质量高水平跨越式增长。2023年上半年，横琴、前海、南沙生产总值、利用外资、进出口等经济指标同比大幅增长，广泛吸纳整合粤港澳大湾区和全球生产要素，内外联动，为粤港澳大湾区高质量发展、全面深化改革开放、深度融入国际高科技高附加值产业链助力赋能。港珠澳大桥、广深港高铁等基础设施建设的完善加强粤港澳大湾区互通互联，加快区域要素资源流动，打造世界级城市群，提升整体国际竞争力和区域创新力。深圳先行示范区发挥引领作用，在重点领域和核心环节改革成效突出，综合改革首批40项②授权事项和18条试点经验为全国改革提供宝贵经验。坚持做大做强做优实体经济，全市规模以上工业总产值、工业增加值全国第一，先进制造业与现代服务业等现代化产业体系显著增量提质。营商环境改革方面，广东首创政府补贴"秒到"

---

① 《在十三届全国人大一次会议广东代表团审议的讲话》，《人民日报》2018年3月8日。
② 数据来源：中国政府网2022年4月25日。

企业和个人，"企业投资备案秒到秒批一体化"智慧服务、税证离岸远程智能联办服务、建立"信用+电子保函"模式等简化办事流程，提高政府效率新措施。数字政府建设方面，广东打造"粤省事""粤商通""粤政易"等网络政务服务App，使用用户超过1亿人，[①]数字技术构建数字政府治理体系，更好更快更便捷服务于民。广东自贸试验区累计新增企业超26万家，实际利用外资500亿美元，固定资产投资累计一万亿元，吸引91家世界500强企业来粤投资，外贸总额近三年年均增长超过25%。[②]埃克森美孚、巴斯夫等百亿美元级重大项目落户广东，马克龙访华广州之行，这些都表明外资企业对广东优化营商环境、建设数字政府等改革的认可和信任。

广东"两个重要窗口"凸显积极作用，增强广东和我国深化改革开放的信心和决心，展现新时代广东改革时代性、示范性、开放性和国际性，彰显中国特色社会主义制度的优越性，以改革实践成果回答了中国共产党为什么能、马克思主义为什么行、中国特色社会主义为什么好。未来广东继续推进深化改革和现代化建设，扩大广东影响力，打造高质量要素资源聚集地，为中国和全球经济繁荣做出更大贡献。

四、民生福祉得到实实在在提升

党的二十大报告指出："增进民生福祉，提高人民生活品质。"党和国家高度重视人民对美好生活的向往和期盼，始终坚持以人民为中心，为民造福。党的一切工作把人民的利益放在首位，民生福祉的提升是推动中国特色社会主义建设的根本任务和重要评判指标，人民是发展的主体，人民是发展的受益者，只有为人民服务的发展才是可持续发展。改革为了

① 数据来源：中国政府网2022年5月5日。
② 数据来源：广东省人民政府门户网站2023年6月8日。

发展，发展为了人民，坚持推动改革和改善民生有机统一，改革为民生福祉提供物质基础，民生福祉为改革指明前进方向，通过持续改革让人民共享改革成果，让改革依靠人民的智慧共同发展，不断促进全体人民共同富裕、全面发展。

广东不断加大民生福祉工程投入，七成财政用于民生领域，实施"民生十大工程"，确保人民生活稳定有保障。新时代，广东省全面打赢脱贫攻坚战，全省农民人均可支配收入从2012年的9999元增长到2022年的23598元，农民人均消费支出从2012年的7990元增长到2022年的20800元，[①]农民收入实现快速倍增，福利水平不断提高。省外脱贫攻坚方面，帮助桂川黔滇4省区93个贫困县摘帽、500多万贫困人口脱贫，东西部协作连续5年获国家考核"好"的等次，援助力度居全国首位，援建项目高达1275个，为实现社会主义共同富裕贡献广东力量。为改善广东水资源供给问题，省政府构建"五纵五横"水资源配置骨干网，基本形成"上蓄、中防、下泄"防洪工程体系。近年来，广东坚持"小切口大变化"民生实事办理制度，集中解决群众养老、居住、教育等基层难事，"粤菜师傅""广东技工""南粤家政"三项工程金字招牌累计培训893万人次，"粤菜师傅"工程与粤农业产业协同合作发展，推动"人才—产业—服务"深度融合发展，全面推进乡村振兴、农村现代化建设工作。"广东技工"面向先进制造业、战略性新兴产业重点需求，提高技能人才职业素养，有效服务企业用人需求。"南粤家政"工程有效缓解居民"母婴、养老、居家、医护"家政需求压力，扶持"南粤家政羊城行动""鹏城管家"等家政品牌加快投入市场、服务于民。广东投入150亿元扩大本科、高职等院校招生规模，着力平衡全省教育资源，改善办学条件、扩大办学

---

① 数据来源：国家统计局网站。

规模。广东有8所高校入选"双一流"建设高校及建设学科，160个学科入围ESI排名前1%，^①"一盘棋"推进基础教育、高等教育、职业教育等高质量发展。全省医疗卫生"强基层、建高地、登高峰"战略构建优质医疗卫生服务体系，城乡居民医疗卫生制度基本健全，居民人均寿命达到79.3岁。^②

就业、教育、医疗事关民生福祉三大重点工程，广东城乡居民民生福祉得到实实在在提升，人民群众幸福感、满足感、安全感指数更上一层楼。政府惠民工程突出全面覆盖、重点解决、平衡发展，民生事业实行"大推进"战略，统筹规划，合理布局，使人民群众幼有所育、学有所教、劳有所得、病有所医、老有所养、住有所居、弱有所扶、恶有所惩、善有所报，不断完善公共服务、基础设施水平，满足人民物质和精神高品质需求。

五、防范化解重大风险有力有效

习近平总书记指出："防范化解重大风险，是各级党委、政府和领导干部的政治职责，大家要坚持守土有责、守土尽责，把防范化解重大风险工作做实做细做好。"^③"既要高度警惕'黑天鹅'事件，也要防范'灰犀牛'事件。"^④所谓"黑天鹅"事件是指能够引起市场震荡甚至颠覆的难以预测的重大恶性小概率风险事件。"灰犀牛"事件是指大概率发生却不受重视的重大风险事件。在走中国特色社会主义道路过程中，防范并化

---

① 数据来源：广东省人民政府门户网站2022年10月13日。
② 数据来源：2023年广东省政府工作报告。
③ 《在省部级主要领导干部坚持底线思维着力防范化解重大风险专题研讨班开班式上的讲话》，《人民日报》2019年1月21日。
④ 《提高防控能力着力防范化解重大风险 保持经济持续健康发展社会大局稳定》，《人民日报》2019年1月22日。

解意识形态、政治、科技等方面的重大风险是维护国家长治久安、人民安居乐业的有力保证。

防范化解金融风险方面，由于农合机构存在小、散、弱风险，广东农信社全部改制为农商行，并查处29家高风险机构，化解风险资金高达1300亿元。针对非法集资风险，广东清退707家P2P网贷平台，有效整治私募资金乱象。广东银行业保险业精准处置了33家高风险金融机构，涉及不良资产金额超8500亿元，优化不良率0.4%。[1]2018年广东组建省地方金融监督管理局，成立广东省地方金融风险监测防控中心、法律服务中心，加强地方金融监管职能，实现风险数字化监管调控。2020年，金融委办公室地方协调机制成立，该机制下辖传统金融监管、广东省发展改革委、广东省财政厅等部门，旨在加强央地联合监管力度。扫黑除恶方面，广东扫黑除恶专项斗争打掉涉黑组织305个、恶势力犯罪集团1227个，刑拘74649人，查封冻结扣押涉案资产700多亿元，扫黑除恶打击指标和打击成效居全国首位，相比2013年，全省刑事案件发案率下降40.6%。广东省公安厅成立"反诈联勤作战中心"，建立防诈、反诈安全体系，侦破电信诈骗案件2794起，抓获违法犯罪人员1.1万余名，追逃劝投在逃人员86名，[2]为保护人民财产安全、维护社会和谐稳定构筑多道防火墙、安全线。交通安全方面，2018年至2022年，全省道路交通事故起数、死亡人数、较大事故起数分别下降35.97%、34.22%、53.85%，交通安全形势向好。广东省公安厅交通管理局为提升防范化解交通风险能力，通过大数据管理平台，对全省3.2万家"两客一危一货"运输企业和83.3万辆重点车辆实行数字化管理，严厉打击交通违法案件，从源头根除风险隐患。生产安全方面，全省生产安

---

① 数据来源：广东省人民政府门户网站2022年9月27日。
② 数据来源：广东省人民政府门户网站2021年6月11日。

全事故起数和死亡人数创历史新低，同比分别下降19.4%和17.4%，[①]连续18个月未发生特重大事故。森林火灾次数、火场总面积、受害森林面积同比分别下降53%、76.8%、78%。2023年1—7月，广东开展安全生产行政执法2.5万次，实施行政处罚1.4万次，[②]开发"重大事故隐患数据库"，利用数字技术排查预知并治理安全风险隐患。截至7月31日，全省排查隐患237万个，其中重大事故隐患12335个，防患于未然。广东还展开重大危险源专项检查，通过自查排除隐患8912项[③]，保证了人民的人身生命安全，极大优化了安全生产事故的增量和存量。

广东切实领悟习近平总书记防范化解重大风险讲话精神，通过监管机构改革、管理方法改革等手段，转变防范化解风险思路，变被动为主动，增强忧患意识，常抓不懈，将防范化解风险工作始终摆在突出位置，从风险源头治理入手，做到提前预防、严肃整治、有序善后，防止风险积累叠加、升级恶化、尾大不掉。广东在防范化解重大风险工作方面取得了突出成就，持续深化平安广东建设，不断加强风险预防能力和应对能力，有力保证了广东省在现代化建设中的政治安全、经济安全和社会安全。

▼ 第三节　用改革的办法推进广东改革

中共广东省委十三届三次全会提出，坚持以改革的办法推进改革。新时代，面对复杂的国内外局势，必须以"改革的办法"持续推动全面深化改革，在矛盾中推进改革，在改革中发现新矛盾。我国社会主义建设在矛

---

① 数据来源：广东省公安厅网站2021年12月1日。
② 数据来源：中华人民共和国应急管理部网站2022年2月14日。
③ 数据来源：广东省应急管理厅网站2023年8月17日。

盾与改革的相互作用中循序渐进地向共产主义阶段过渡，改革推动社会矛盾的解决，上一期改革是促进下一期改革的动力和基础，用改革的办法推进改革，就是有计划、分步骤地分割矛盾，合理分工稳步解决矛盾，统筹改革发展稳定三要素，确保中国特色社会主义行稳致远。

一、坚持供给侧结构性改革，打造良好政策制度环境

2015年，习近平总书记在中央财经领导小组第十一次会议上首次提出"供给侧结构性改革"，他强调："在适度扩大总需求的同时，着力加强供给侧结构性改革，着力提高供给体系质量和效率，增强经济持续增长动力，推动我国社会生产力水平实现整体跃升。"[①] "供给侧结构性改革"不是针对供给侧结构的局部性改革，而是为解决全社会供给侧与需求侧的矛盾，消除过剩供给，提供高质量供给，以供给侧为改革起点，通过深化改革，使供给侧结构适应需求侧变动，推动宏观经济高质量可持续运行。[②]供给侧与需求侧不匹配的矛盾意味着市场资源配置效率仍有改善空间，即经济结构不合理，增长动力不足。我国目前尚处于经济转型期、产业结构升级期，发布的各项调控政策是治理宏观经济的重要手段，而调控政策的出台又涉及制度的作用机制，制度结构、制度供给方式等对资源配置产生重要影响，降低政策和制度环境的交易成本是供给侧结构性改革的本质所在。[③]坚持供给侧结构性改革伴随着中央和地方政府的机构改革，现阶段我国"放管服"改革目的就在于降低制度交易成本，释放市场经济活力。如何营造良好的政策制度环境，深化供给侧结构性改革，是广东推进改革、加快现代化建设的发力点、切入点和突破点。

---

① 《在中央财经领导小组第十一次会议上的讲话》，《人民日报》2015年11月10日。

② 郭克莎：《供给侧结构性改革》，《经济研究》2022年第5期。

③ 卢现祥：《转变制度供给方式，降低制度性交易成本》，《学术界》2017年第10期。

第一，简政放权，放管结合、优化服务。

"简政"就是减少过于繁杂的行政审批等流程，增强政策时效性，降低制度层面上的交易成本，同时精简机构，实现政府执政效率和市场运行机制双优化。"放权"就是明晰政府和企业的职责，政企分离，给予企业灵活自由的自主经营权。简政放权是在稳定市场运行、促进高质量发展前提下的制度改革，也增加了市场失灵、政府失灵的风险，完善系统性、协同性、整体性监管制度体系，加强政府机构与专业化的第三方机构合作，整合政府、市场、行会等"碎片化"监管机构，培育多元化监管制度体系。大力推广"互联网+政务服务"模式，重视跨地区、跨部门中线下服务与线上服务协调配合，提升服务供给、服务效率和服务质量，推进完全市场信息改革，创新"互联网+政务服务"现代化政府服务新模式。

第二，实施中国特色社会主义政府规制。

广东是改革开放的前沿战略高地，随着改革开放进程的加快和深化，"简政放权"等制度改革的深入，完善成熟的政府规制是治理市场失灵、政府失灵的重要政策工具。高科技产业的发展需要政府对垄断、地下经济等做有效干预和引导，在进入规制方面，降低部分高科技制造业行业的壁垒和门槛，适当引入国外竞争资本以刺激市场主体活力和竞争力。在价格规制方面，价格规制在限制垄断企业的不当竞争时，也削弱了价格调整资源配置的作用。[1]根据我国实际情况，逐步进行价格规制松绑，提高市场价格信息透明度，让市场成为定价的主要影响因素。在环境规制方面，为推进落实国家"碳达峰，碳中和"政策，实现经济增长和生态保护"双赢"目标，环境规制政策在精准规制、强力规制的同时，也要创新激励机制，通过税收优惠、科研支持等激励手段缓解企业环保压力、创新风险。

---

① 万威、龙小宁：《价格市场化、市场竞争与生产数量——基于中国取消机票价格上限规制的准自然实验研究》，《中国经济问题》2020年第1期。

第三，坚持"竞争中性"原则，注重制度型开放。

加快构建以国内大循环为主体、国内国际双循环相互促进的新发展格局，是我国新时代在新发展阶段、发展环境、发展条件下做出的宏观战略政策，改善国内循环贸易利得、保持国外循环贸易利得是"双循环"战略的主要策略支撑。[①]当前，RCEP、TPP协定等新国际贸易规则已进行全面调整，必须建立与国际贸易接轨的规制、结算、标准等方面的规则已进行体系。为提高国内企业和产业的国际竞争力，必须坚持"竞争中性"原则，调动民营企业和国有企业的创新、竞争积极性，形成良性竞争氛围。打造对接国际高水平的营商环境，继续优化负面清单制度，严格落实安全审查等监管制度，健全跨境贸易服务基础设施等各项公共服务措施，积极融入国际贸易新协定、新规则，为新时代"双循环"发展战略提供良好的开放环境。

二、扩大地方综合改革试点，探索粤港澳新改革模式

2020年，中共中央办公厅、国务院办公厅发布《深圳建设中国特色社会主义先行示范区综合改革试点实施方案（2020—2025年）》。习近平总书记在深圳经济特区建立40周年庆祝大会上强调："党中央经过深入研究，决定以经济特区建立40周年为契机，支持深圳实施综合改革试点，以清单批量授权方式赋予深圳在重要领域和关键环节改革上更多自主权。""综合改革试点"突出"综合"，即改革不是某一点某一面的局部改革，而是系统性的多部门多领域立体改革。综合改革试点下放更多自主权到地方政府，是考验广东执政智慧的巨大挑战，也是持续深化改革的动力和机遇，必须以深圳综合改革试点的经验为引领，探索具有粤港澳大湾

---

① 张少军、方玉文、李善同：《中国经济双循环的贸易利得分析》，《经济研究》2023年第4期。

区地方特色的社会主义建设方案。

第一，整体设计、分步实施、聚焦重点。

广东各地区的人口、经济、文化、地理等特征各异，在改革的过程中应充分考虑地方差异，政策措施要因地制宜、因城制宜，综合试点改革既要把握总体一般性，又要关注个体特殊性。总体上，以党的领导为中心，以国家整体利益为前提，兼顾地方具体实际系统提出推进改革的各项任务，统筹规划，率先在深圳等具备条件的地方做突破性试点工作，聚焦行政管理体制改革和开放经济体系改革。建立容错纠错预警防灾机制，防范系统性风险导致改革全面坍塌，增强各级部门快速反应和抗风险能力。以经济和制度改革为核心动力，有序逐步拓展至文化、教育、科技等全方面改革，最终实现粤港澳大湾区协同发展，硬实力和软实力深度耦合同步提升。

第二，明确各地试点定位，避免无序建设。

根据党中央的各项政策，粤港澳大湾区战略定位为具有全球影响力的国际科技创新中心、"一带一路"建设的重要支撑、内地与港澳深度合作示范区，在功能和定位上各有不同。香港主要打造国际航运航空、国际金融和贸易中心；澳门致力于建设世界旅游休闲中心、中国与葡语国家商贸合作服务平台；广州发展综合交通枢纽、国际商贸中心和科技教育文化中心；深圳作为经济特区，以创新驱动高质量可持续发展。综合改革试点注重制度创新推动功能形成，功能形成转化为地方发展特色。各地方改革应瞄准自身战略定位，复制并创新深圳改革经验，拓展综合改革试点的空间和深度，差异化竞争，避免急功近利、大干快上、生搬硬套等短视行为和功利化倾向，防止无序、低效、重复建设。

第三，及时总结改革经验，扩大试点范围和影响力。

试点是以改革发展稳定为前提的探索模式，改革经验如何总结推广形成突破带动作用是改革工作取得实效的重要环节。综合改革试点工作首先要解放思想，对于新事物的出现保持耐心，鼓励基层部门在实践中发现矛盾、解决问题，调动各单位保持积极性、主动性和创造性。准确评估改革新效果，全面总结改革新成果，善于发现改革形成的新变化，直面改革当中出现的新矛盾，精确提炼改革新规律，对行之有效的新改革方案，及时制定可实施的具体措施，面对不同地区和不同对象，提出明确的行动方向和切实可行的落实方案。各个综合改革试点存在一定的内在联系，要合理分配资源，把握改革工作的轻重缓急进程，对具有基础性、重大突破性的改革要适当倾斜资源，对需求紧迫、急于实现的改革试点要集中力量，重点支持。改革的经验要早日形成制度性成果，注重成果的复制推广，不仅要造福一方，更要惠及全国、全世界，扩大试点范围和影响力，使改革不流于形式、落到实处、深入人心、世代传承。

三、贯彻国家重大战略方针，补产业短板锻创新长板

国家重大战略方针关系到国家未来发展大计，是谋划全局、决定未来的顶层设计。新时代，党和国家立足新发展格局，面对发展新阶段、新环境、新任务，谋划、部署、推动了一系列与广东相关的国家重大战略，如粤港澳大湾区、中国特色社会主义先行示范区、综合改革试点、横琴粤澳深度合作区、前海深港现代服务业合作区等。这些国家重大战略的决策部署为广东高水平改革开放提供了重大平台和重大机遇，是广东持续走在全国前列、始终创造新辉煌的不竭动力。广东"十四五"规划指出："我省经济结构性体制性周期性问题依然存在，处于'两个前沿'所面临的外部风险挑战更为直接，创新链、产业链、供应链存在明显薄弱环节。"如何贯彻国家重大战略方针，补产业短板锻创新长板，以科技强化现代化建设，是广东必须面对的关键问题。

第一，推动产业链供应链现代化。

产业链供应链现代化是实现产业安全高效、自主可控的必由之路。宏观层面上，数字经济时代，广东要加快数字基础设施建设，突破数字核心技术，促进数字经济和产业经济融合发展。产业层面上，近年，国家围绕"智能制造""互联网+制造业"等出台了一系列政策，制造业数字化转型是产业革命的基础和前提条件，广东应紧跟第四次工业革命趋势，打造数字科学装置，加速数字孪生、数字仿真等关键技术的研发。微观层面上，为支持企业数字化转型，在提供财政补贴的同时，着重防范高危数字风险，针对重点企业展开网络安全排查，保护企业核心数据，服务企业实现数字化转型与数据安全协同发展。

第二，深入实施"广东强芯"行动。

为全面落实"广东强芯"[①]行动，解决制约高端产业"卡脖子"的关键核心技术，广东重点培育发展半导体及集成电路战略性新兴产业集群，以粤港澳大湾区综合性国家科学中心等重大战略平台为依托，全力打造中国集成电路第三极，补齐集成电路、工业软件等短板。面对芯片外资企业的市场退出，广东应持续改善市场营商环境，蓄势待发，争取吸引和聚集全球芯片企业的流入。粤港澳大湾区有强大的芯片终端消费市场，在高端芯片领域存在供不应求现象，为打破高端芯片受制于人的被动局面，加强粤港澳大湾区与长三角、京津冀、成渝经济圈等的合作，明确研发分工，优势互补。广东在立足国内芯片市场需求的基础上，借助"一带一路"和RCEP经贸协定，加强国际合作，共建芯片供应链平台，以市场需求驱动芯片研发、供给。

第三，坚持人才强省建设，组建创新人才联盟。

---

① 《2022年广东省数字经济工作要点》，广东省人民政府门户网站2022年4月14日。

广东提出人才强省"五大工程"①，实施制造业人才"十百千万"专项行动，为补产业短板锻创新长板储备一流人才。依托高校、企业等科研单位，加大人才培养力度，实现高端人才自主培养目标，优化科研条件和激励机制，改善创新成果转化体系，组建创新人才联盟，更好服务人才入粤合作交流，吸引高端人才赴粤就业。以国内重大需求为基础，继续建设高端前沿大平台大项目，建造具有国际领先优势的科研平台，不仅在科学理论上实现从0到1的颠覆式创新突破，也要在工程技术上解决企业的产品研发需求。政府加强对拥有自主知识产权和技术企业的培育，推进国家级和省级创新平台的建设和完善，积极参加国家重点研发计划和创新工程，多学科、多主体力量联合协同攻关，打破国外对我国高端科学技术领域的封锁。

四、进一步提振改革精气神，推动新时代思想再解放

习近平总书记在深圳经济特区建立40周年庆祝大会上强调，要"永葆'闯'的精神、'创'的劲头、'干'的作风，努力续写更多'春天的故事'，努力创造让世界刮目相看的新的更大奇迹！"②改革开放创造的新物质基础决定了上层建筑，对人民群众的意识形态等产生重要影响，改革精气神是改革开放形成的新文化精神，是推进改革的强大精神力量。广东在改革开放过程中既收获了丰富的物质，还受到岭南文化和改革精神等文化结晶的熏陶，改革的精神深深烙印在广东这片土地和人民群众心中，铸就了广东改革思想解放的精神沃土。随着改革开放的深入，改革精气神不断丰富，有力推动新时代改革思想的再解放。

---

① 《广东省委常委会暨省委人才工作领导小组召开会议》，《南方日报》2021年10月2日。
② 《在深圳经济特区建立40周年庆祝大会上的讲话》，《南方日报》2020年10月14日。

第一，永葆"闯"的精神，敢为人先。

在改革开放过程中，"大胆试，大胆闯"的拓荒精神带领广东闯出了一片新天地，做出了前人未曾想过、也未曾做过的事业。在改革饱受争议的初期，广东解放思想，敢于突破思想行动束缚，率先改革走在前列，为进一步解放思想、深化改革创造制度和物质基础。在"闯"的精神指导下，广东进一步拓宽、拓深中央"特殊政策、灵活措施"内涵，提出"对外更加开放，对内更加搞活，对下更加放权"的具体行动措施，加快改革开放迈出新步伐。"闯"的精神在改革探索期突出"敢"于改革的决心和勇气，具有一定的冒险和冲动等感性特征。新时代，改革进入深水区，"闯"不再是毫无经验的"第一个吃螃蟹的人"，而是有充分的准备和清晰的认识，"闯"是胸有成竹的勇往直前，"敢"是稳操胜券的一马当先。

第二，永葆"创"的劲头，开拓创新。

改革开放的动力来源于"创"，又反作用于"创"，广东始终保持"创"的劲头，始终不沉醉于过去的丰功伟绩，始终摒弃思维惯性和舒适区，完善有利于创新的体制机制，调动广大劳动人民的积极性大力发展生产力。深圳经济特区因改革而生，因"创"而兴，社会日新月异的变化需要"创"的活力，充分体现特区特有的创新风潮、创新能力。在改革开放初期，我国生产力相对落后，科学知识体系尚不健全，需要大量引进西方先进技术和管理经验，通过模仿学习提高"创"的理论基础和实践条件，原创性、基础性、突破性的创新成果相对缺乏，但广东永葆"创"的劲头，开拓创新，在科学技术上接连取得一个又一个的前沿成果，在世界学术界、工业界等领域留下中国智慧和中国方案。

第三，永葆"干"的作风，务真实干。

广东广大劳动人民务真实干的作风是改革开放取得丰硕成果的精神支柱，当其他地方还在纠结姓"资"姓"社"问题时，广东就抛弃意识形态等方面的争议，率先改革，以实践作为检验真理的唯一标准，以实干作为改革的推动力。回顾改革开放一路上的艰难险阻，无论面对多少困难和风险，坚持多做事少争论，解放思想，实事求是，广东从未忘记初心，永葆"干"的作风，勇于承担责任，上下一心，共赴时艰，在"干"中发现矛盾，在"干"中寻找方法。改革开放初期的"干"是艰苦奋斗，埋头苦干；新时代，"干"既是务真实干，又是善假于物的"巧干"，也是勇于对标国际一流，不畏封锁、自主研发、自食其力的"能干"。

五、贯穿系统观念强化改革，完善宏观全局调节机制

党的二十大报告指出："必须坚持系统观念。万事万物是相互联系、相互依存的。只有用普遍联系的、全面系统的、发展变化的观点观察事物，才能把握事物发展规律。"系统观念是以认识事物之间普遍联系进而揭示事物系统存在、系统关系、系统规律的整体性思维方式，是感知世界、改造世界、把握人与世界关系的思维原则。全面深化改革涉及社会发展的各个领域，局部改革的成败会传导至相关环节，进而形成系统性作用机制影响整体改革，这说明我国的改革必须是全面的改革、协调的改革、持续的改革，改革可能面临系统性风险，只有化解系统性风险才能保证现代化建设可持续发展。各地各部门在推进深化改革进程时，不能各行其是、"自成一派"，否则碎片化零散化的改革就违背了改革的初心和目标。

第一，系统观念强化行政体制改革。

广东取得辉煌成就的背后，行政体制改革的重要性不容忽视，是推动深化改革的重要力量。按照党和国家的要求，进一步优化整合省内党和政府机构，在市、县、镇一级更大范围和力度加强大部门体制改革，提高大部门体制综合性的同时，系统性同步镇、县、市、省各级单位改革，使组

织整体工作交流对接更便捷。简化各级议事协调机构，优化因增设临时机构而扩张的相关机构，加强政府服务能力并减轻社会行政负担。进一步明确行政机构功能定位，对行政机构各单位划分明确的分工和定位，向镇、县、市、省机构纵深推进改革，解决行政单位管理混乱等问题，同时避免各单位出现"踢皮球"等推卸责任的情况。行政体制各方面的改革相互影响，在明确权责的前提下进行机构瘦身，再整合党政机构，三位一体，强化行政体制职能和作用。

第二，系统观念强化经济体制改革。

经济体制改革的重点在于发挥市场在资源配置中的决定性作用。坚持巩固和发展公有制经济，鼓励、支持和引导非公有制经济不断壮大，在做大做强做优国有企业的同时，落实"三个平等"①，赋予民营经济更多政策支持；坚持按劳分配为主体、多种分配方式并存的基本经济制度，在改善第一、第二次分配的基础上，扩大第三次分配的影响力，鼓励个人、企业等自愿参与第三次分配；完善按要素分配制度，探索让劳动人民实现共同富裕的多元化渠道，鼓励按管理要素、按信息要素、按劳动力要素和按技术要素等要素分配方式，缩小贫富差距，支持勤劳致富。充分发挥市场在资源配置中的作用，划清政府与企业的边界，在充分发挥企业自主能动性的基础上，政府给予适当的监管和政策辅助。经济体制改革是一项复杂的系统工程，要维护最广大人民群众的根本利益，协同推进社会主义经济体制改革。

第三，系统观念强化社会体制改革。

社会体制改革是保障民生、维护社会稳定的重要推动力，系统深化社

---

① 2016年3月4日，习近平总书记参加全国政协民建、工商联政协委员联组讨论，就我国基本经济制度和民营经济发展作出一系列重要指示，强调基本经济制度的不变，强调对民营经济的政策和鼓励不变，指出"三个平等"，即民营经济与国有经济地位平等、机会平等、规则平等。

会体制改革就是要让改革成果惠及社会各个阶层的人民群众。加快教育改革，缩小地区教育差距，需要办好更优质的教育，提供更多元的资源。重视就业保障，对无业、失业等人员提供司法、补贴、培训等方面的再就业扶持政策。推动优质医疗资源向基层扩容，加大医疗卫生资源投入力度，解决人民群众看病难等矛盾。完善基本养老保险等制度，渐进式推行延迟退休政策，构建覆盖面广、城乡一体化、公开规范的社会保障体系。教育、医疗、就业是我国民生三大问题，这三大基本民生工程的保障是宏观经济稳定、社会可持续发展的基本盘，深化社会体制改革就是深化民生保障制度改革，必须落实系统观念，全方位、多角度、深层次地一体推进社会体制改革。

第四章

激活广东现代化建设的
开放动力

CHAPTER4

　　开放是国家繁荣发展的必由之路。改革开放以来，广东在开放中发展，在开放中繁荣，开放是广东繁荣发展的重要基因。站在新的历史方位，广东"在中国式现代化建设的大局中地位重要、作用突出"①，要多措并举进一步激活广东开放动力，坚定不移扩大高水平对外开放，加快构建新发展格局，着力推动高质量发展，使广东在推进中国式现代化建设中继续走在全国前列。

▼ 第一节　习近平总书记关于开放的重要论述

　　党的十八大以来，习近平总书记深刻把握国内国际环境变化，站在人类历史发展进程的时代高度和实现中华民族伟大复兴的战略高度，提出了关于开放的一系列新思想、新观点，为在开放中推动社会经济高质量发展提供了科学理论遵循。习近平总书记关于开放的重要论述内涵丰富、体系严密、思想深邃，既是对马克思、恩格斯、列宁开放思想的继承发展，也是对中国特色社会主义开放思想的守正创新；不仅推动了新时代更高水平对外开放，而且为世界贡献了构建人类命运共同体的中国方案。

一、习近平总书记关于开放重要论述的理论渊源

　　习近平总书记指出，我们所处的时代"是一个需要理论而且一定能够产生理论的时代，这是一个需要思想而且一定能够产生思想的时代"②。

---

① 《坚定不移全面深化改革扩大高水平对外开放　在推进中国式现代化建设中走在前列》，《人民日报》2023年4月14日。

② 《在哲学社会科学工作座谈会上的讲话》，《人民日报》2016年5月19日。

理论是时代的产物，同时理论又指引着时代发展。马克思、恩格斯、列宁和中国共产党人在不同的时代背景中就开放问题进行了实践探索，形成了科学的开放理论，为习近平总书记关于对外开放的重要论述提供了宝贵的思想借鉴。

（一）马克思主义经典作家开放思想

习近平总书记指出："马克思主义始终是我们党和国家的指导思想，是我们认识世界、把握规律、追求真理、改造世界的强大思想武器。"① 始终坚持以马克思主义为指导，不断汲取马克思主义经典作家的思想智慧，是推进理论创新的基本原则。马克思恩格斯的世界历史理论和列宁关于社会主义同世界发生联系的思想是习近平总书记关于开放重要论述的重要理论来源。

1. 马克思恩格斯的世界历史理论

马克思恩格斯并未就开放问题做出过专门系统的理论阐释，其关于开放的思想主要散见于《德意志意识形态》《共产党宣言》等著作和文献的具体论述中，主要体现为"世界历史"理论。

随着社会生产力的发展以及分工和社会交往的进一步扩大，资本原始积累加速发展，催生了具有最广泛的分工和使用机器生产的资本主义大工业的出现，极大推动了封建主义生产方式向资本主义生产方式的革命性转变。马克思恩格斯指出："大工业创造了交通工具和现代的世界市场。"②到18世纪后期，随着工业革命在主要资本主义国家相继完成，各国发展大工业的竞争日益激烈起来。资产阶级迫切需要更多的生产原料和销售市场，这驱使他们"奔走于全球各地……它必须到处落户，到处开

---

① 《在纪念马克思诞辰200周年大会上的讲话》，《人民日报》2018年5月5日。
② 《马克思恩格斯选集》第1卷，人民出版社2012年版，第194页。

发，到处建立联系"①。因此，通过国际贸易和殖民扩张，无论是工业化的先进资本主义国家还是落后的亚非拉国家都被纳入进了世界市场，从此世界各国的消费和生产都演变成世界性的。资本主义大工业的发展在促进世界市场形成的同时也推动了交通工具的发展，这使得资本更加集中，劳动力、商品、原料、资本的流通速度和流通范围快速提升，世界市场进一步开拓。因此，马克思恩格斯在《德意志意识形态》中指出，大工业"首次开创了世界历史，因为它使每个文明国家以及这些国家中的每一个人的需要的满足都依赖于整个世界，因为它消灭了各国以往自然形成的闭关自守的状态"②。换言之，以大工业的出现和世界市场的开拓为前提，以社会生产力和交往形式之间的结构性矛盾为动力，各个国家和民族在突破原有地域界限的基础上发生实际联系并逐步走向统一的世界历史。

马克思恩格斯的世界历史理论科学地揭示了人类社会朝着经济全球化方向发展的必然趋势，并指明了社会主义的发展要以同生产力的普遍发展相联系的世界交往为前提，共产主义事业只有作为世界历史性的存在才有可能实现。

2. 列宁关于社会主义同世界发生联系的思想

在继承马克思恩格斯世界历史理论的基础上，列宁结合俄国社会主义革命和建设的具体实践，进一步探索社会主义国家的对外开放问题，提出了社会主义要同世界发生联系的思想。

第一，社会主义必须同世界发生联系。俄国十月革命胜利后，在俄国面临国外武装干涉、国内武装叛乱以及被战争严重破坏的俄国经济和文化等极端严峻的历史环境下，列宁提出"社会主义共和国不同世界发生联系是不能生存下去的，在目前情况下应当把自己的生存同资本主义的关系

---

① 《马克思恩格斯选集》第1卷，人民出版社2012年版，第404页。

② 《马克思恩格斯选集》第1卷，人民出版社2012年版，第194页。

联系起来"①。一方面，十月革命后的俄国作为经济上暂不发达、经济危机十分深重的社会主义国家，只能利用资本主义来发展社会主义。另一方面，虽然社会主义国家和资本主义国家存在许多矛盾和斗争，但双方仍然是互相需要的。列宁指出："有一种力量胜过任何一个跟我们敌对的政府或阶级的愿望、意志和决定，这种力量就是世界共同的经济关系。"②社会主义正可以利用与资本主义国家的经济往来为自己的生存和发展创造条件。

第二，社会主义要在同世界发生联系的过程中发展社会主义。一是强调合理利用资本主义文明成果。列宁指出："必须取得资本主义遗留下来的全部文化，并且用它来建设社会主义。"③社会主义的建立和发展不是空想就能完成的，必须要有一定的物质文明和精神文明作为支撑。因此，要充分利用资本主义遗产发展社会主义，要加强对资本主义先进文明成果的吸收和借鉴，"无论如何要继续前进并学会欧美科学中一切真正有价值的东西——这就是我们头等的最主要的任务"④。二是强调要利用外资，发展外贸，引进先进技术和设备。列宁指出，要想实现大工业的振兴，就必须积极同先进的工业化国家发展贸易关系，学习他们先进的经验、技术和设备，用以建设社会主义。

总的来说，从马克思恩格斯的世界历史理论到列宁关于社会主义同世界发生联系的思想都强调了开放发展的重要性，社会主义国家要在对外开放中，融入世界经济发展体系，吸收世界上其他国家和地区的文明成果，用以建设社会主义。习近平总书记充分继承和发展了马克思主义经典作家

---

① 《列宁全集》第41卷，人民出版社2017年版，第167页。
② 《列宁全集》第42卷，人民出版社2017年版，第343页。
③ 《列宁全集》第36卷，人民出版社2017年版，第48页。
④ 《列宁全集》第43卷，人民出版社2017年版，第213页。

的对外开放理论，肯定并高度重视对外开放在国家发展中的作用，不仅指出"经济全球化是社会生产力发展的客观要求和科技进步的必然结果"，还强调"融入世界经济是历史大方向，中国经济要发展就要敢于到世界市场的汪洋大海中去游泳……勇敢迈向了世界市场"。[①]因此，他进一步指出："中国坚持改革开放不动摇。中国越发展，就越开放，中国开放的大门不可能关闭"[②]，要"更加积极主动地学习借鉴世界一切优秀文明成果"[③]。随着经济全球化不断发展，历史越来越成为世界历史，任何国家都不能也不该闭关自守，任何背离经济全球化趋势的国家终将会吞下违背历史发展大势的苦果，实践已经雄辩地证明了这一点，也证明了马克思主义经典作家开放思想的科学性和预见性。

（二）中国特色社会主义开放思想

新中国成立的前三十年，由于遭受帝国主义的霸权封锁，对外开放发展十分曲折。这一时期，中国对外开放主要秉持着自力更生为主、争取外援为辅的方针，在维护国家主权独立的前提下进行一定的对外开放合作。直到党的十一届三中全会把对外开放确立为基本国策，中国才真正开启了对外开放的探索历程，也开启了中国特色社会主义开放思想的理论创新之路。从十一届三中全会到党的十八大之前，中国特色社会主义开放思想的发展伴随中国对外开放的实践，大致经历了两个发展阶段，并形成了从沿海试点起步的渐进式对外开放和与国际接轨合作的推进式对外开放的中国特色社会主义开放思想。

---

① 《共担时代责任，共促全球发展——在世界经济论坛2017年年会开幕式上的主旨演讲》，《人民日报》2017年1月18日。

② 《习近平会见21世纪理事会北京会议外方代表》，《人民日报》2013年11月3日。

③ 《坚定信心开拓创新真抓实干 团结一心开创富民兴陇新局面》，《人民日报》2019年8月23日。

1. 探索建构期：从沿海试点起步的渐进式对外开放

"文化大革命"使党和国家发展事业遭受到了严重破坏，"中国向何处去"成为党和人民面临回答的重要问题。真理标准问题的大讨论为中国开启新的发展奠定了思想基础，使得党和人民不断反思党和国家建设过程中出现的问题与教训，打破"两个凡是"和传统旧思想的束缚，坚持实践是检验真理的唯一标准，深刻地认识到进行改革开放的必要性和迫切性。邓小平基于国内和国际形势的准确判断，明确提出"现在的世界是开放的世界"[①]，"中国的发展离不开世界"[②]，必须实行对外开放。

首先，以经济特区为试点探索开放。1979年7月，党中央迈出了经济特区建设的第一步，决定对广东和福建两省率先开放，发展以工业为主、工贸结合的外向型经济。1980年经党中央批准，中国四个经济特区——深圳、珠海、汕头以及厦门正式诞生。经济特区的试行也是中国"摸着石头过河"的改革探索，在金融、投资和贸易等方面的政策扶持下，经济特区突破了传统体制的束缚，释放出了巨大潜力和强大动能，极大地促进了社会生产力的发展，取得了巨大成功。经济特区作为中国对外开放的重要窗口，不仅能向全国其他地区推广试点成功的经验，推动中国由沿海向内地、由局部到整体渐进式开放与纵深式发展，而且为广大发展中国家的发展提供了特区范式。

其次，以全方位、多层次、宽领域为目标扩大开放。经济特区试点取得的巨大成功使得党中央更加坚定了扩大对外开放的决心，并提出要逐渐构建起全方位、多层次、宽领域的对外开放新格局，为社会主义经济建设增添新动力。第一，全方位的对外开放。邓小平明确指出："开放是对世

---

① 《邓小平文选》第3卷，人民出版社1993年版，第64页。

② 《邓小平文选》第3卷，人民出版社1993年版，第78页。

界所有国家开放，对各种类型的国家开放。"①每个民族、国家都有其独特的优势，只要能够互利共赢，就应该在平等的基础上积极发展与它们的经贸关系。第二，多层次的对外开放。中国对外开放以经济特区为先行试点，从沿海开始，逐步向内地推进，并进一步将开放范围扩展到沿江、沿边地区。第三，宽领域的对外开放。逐步拓宽开放的领域，对国际商品市场、资本市场、技术市场、劳务市场敞开大门，将对外开放拓展到能源、交通等基础产业，以及金融、保险、房地产等其他领域。

最后，以"引进来"和"走出去"相结合为指导优化开放。邓小平在改革开放初期就强调"引进来"与"走出去"相结合，不仅要引进国际先进技术和管理经验，同时也要鼓励中国企业到国际市场上去发展，实现国内外资源的互利共赢。由于时代发展条件，这一历史阶段还是以"引进来"为主。1999年，江泽民强调要通过开拓国际市场、充分利用国外资源等有关途径，大力实施"走出去"开放战略，不断增强中国经济发展的动力。这一历史阶段，"走出去"开始逐步发力。整体来看，对外开放是一个系统性工程，"引进来"和"走出去"是相互促进、相辅相成，共同影响着对外开放的深度和水平。

2. 快速发展期：与国际接轨合作的推进式对外开放

2001年中国加入了世界贸易组织，标志着中国对外开放进入历史新阶段。胡锦涛强调要抓住和用好重要战略机遇期，以科学发展观为指导，大力发展开放型经济，通过与国际接轨进一步参与国际竞争与合作。

一方面，坚持推进国内国际制度互动，逐渐融入全球经济治理体系。中国全面履行加入世界贸易组织承诺，通过学习国际制度，促进国内改革与国际接轨，形成良好的制度环境，着力推动贸易和投资自由化便利化。

---

① 《邓小平文选》第3卷，人民出版社1993年版，第237页。

中国"取消所有不符合世界贸易组织规则的进口配额、许可证等非关税措施"①,不断扩大农业、制造业、服务业市场准入,降低进口产品关税税率,全面放开对外贸易经营权,大幅降低外资准入门槛。同时,中国也积极参与国际规则的制定,推动建立国际经济新秩序。另一方面,积极参与国际经济合作,推动互利共赢。2005年10月,胡锦涛在党的十六届五中全会第二次全体会议上的讲话中强调要积极参与区域经济合作,维护国家的经济利益和经济安全。党的十七大报告也明确提出,中国愿与世界各国共同在"经济上相互合作、优势互补,共同推动经济全球化朝着均衡、普惠、共赢方向发展"②。"互利共赢"理念也成为中国拓展国际合作、建设国际新秩序的重要原则和指导思想。

改革开放之后,中国共产党人积极推进对外开放战略,形成了中国特色社会主义开放理论。从实施改革开放到"中国改革开放政策将长久不变,永远不会自己关上开放的大门"③,从以"引进来"为主到"引进来""走出去"并重,从加入世界贸易组织到共建"一带一路",从"与国际接轨"到"对接国际高标准经贸规则,推动制度型开放"④等,这些均是习近平总书记在实践基础上继承中国特色社会主义开放理论所做出的新的开放理论创新与发展。

---

① 《在中国加入世界贸易组织10周年高层论坛上的讲话》,《人民日报》2011年12月12日。

② 《高举中国特色社会主义伟大旗帜 为夺取全面建设小康社会新胜利而奋斗》,《人民日报》2007年10月25日。

③ 《坚定不移全面深化改革扩大高水平对外开放 在推进中国式现代化建设中走在前列》,《人民日报》2023年4月14日。

④ 《携手迎接挑战,合作开创未来——在博鳌亚洲论坛2022年年会开幕式上的主旨演讲》,《人民日报》2022年4月22日。

二、习近平总书记关于开放重要论述的主要内容

进入新时代，中国开放发展的国内国际环境发生深刻变化。从国际形势看，大国竞争日趋激烈，世界多极化趋势快速发展，和平与发展仍然是时代主题，但世界范围内逆全球化思潮不断涌现，国际政治经济环境更加复杂。从国内环境看，中国正处于经济转型期，传统发展模式不可持续，要贯彻新发展理念，不断推动经济高质量发展。在此背景下，习近平总书记围绕中国在新时代实现高水平对外开放作出了一系列重要论述，其主要内容包含六个方面，从不同维度为新时代推进高水平对外开放提供了思想指引。

（一）以新发展理念科学指引高水平对外开放

2015年10月，习近平总书记在深刻认识和把握经济发展新常态的基础上，针对中国发展中的突出矛盾和困难，创造性地提出了指导我国经济社会发展的"创新、协调、绿色、开放、共享"新发展理念。其中，开放发展理念深刻地回答了新时代中国应该"实现什么样的开放发展、怎样推动开放发展"的问题。习近平总书记指出："开放发展注重的是解决发展内外联动问题……我们必须坚持对外开放的基本国策，奉行互利共赢的开放战略，深化人文交流，完善对外开放区域布局、对外贸易布局、投资布局，形成对外开放新体制，以扩大开放带动创新、推动改革、促进发展。"[①]新发展理念是一个系统的整体，推进高水平对外开放不仅要贯彻开放发展理念，还要从五大发展理念整体的角度来理解如何高水平对外开放。创新是引领发展的第一动力，我们以开放吸收世界发展的有益成果从而反哺创新，为社会主义建设增添新动力。协调是持续健康发展的内在要

---

① 《中国共产党第十八届中央委员会第五次全体会议公报》，《人民日报》2015年10月30日。

求，推动实现更高水平、全方位的对外开放有利于缩小发展差距，促进区域间协调发展。绿色是永续发展的必要条件和人民对美好生活追求的重要体现，通过对外开放，中国不仅能够吸收国际社会绿色发展的优秀成果，还能为全球环境治理提供中国方案。共享是中国特色社会主义的本质要求，对外开放在做大"蛋糕"的同时，也为解决经济社会发展中的全民共享、全面共享、共建共享和渐进共享创造条件。

（二）对接国际高标准，建设开放型经济新体制

2015年《中共中央 国务院关于构建开放型经济新体制的若干意见》强调，"要统筹开放型经济顶层设计，加快构建开放型经济新体制"[①]，指明了构建开放型经济新体制的方向。建设开放型经济新体制本质上属于制度型开放，这就要求要以规则、规制、标准等制度型开放为重点，对接高标准国际经贸规则，加强支持保障机制建设。一方面，要积极对接高标准的全球经济规则。当今全球经济规则的发展趋势明显倾向于高质量和高标准。因此，这要求我们要建立起一个更为成熟、完善、公平、规范、透明的市场经济体制，不断推动经济体制改革，形成与国际通行规则相衔接的制度体系和监管模式。另一方面，要注重国际规则和国内规则的双向互动，不仅要通过制度学习实现国内规则与国际对标对接，还要在具体领域供给一定的国际制度，不断促使中国从国际规则的接受者向国际规则的制定者转变。

习近平总书记在党的二十大报告中对进一步建设开放型经济新体制作出了具体部署，即实施更大范围、更宽领域、更深层次的对外开放。第一，更大范围即由先前主要侧重于特定区域的开放转向全国范围的开放，推动从沿海、沿江开放到"东西南北中"全境全面协调对外开放的转变。

---

① 《中共中央 国务院关于构建开放型经济新体制的若干意见》，《人民日报》2015年9月18日。

第二，更宽领域意味着在已有产业部门开放的基础上，将更多精力投入到服务业的开放中，形成以服务贸易为重点的对外开放新格局，参与以服务贸易为关键的全球贸易规则重构。第三，更深层次指的是从过去的商品、服务、资金、人才等要素流动型和政策性开放，向规则、规制、标准等制度型开放转变；从"引进来"与"走出去"相结合向更高水平"引进来"与更大步伐"走出去"相结合转变。

（三）依托"一带一路"实施对外开放新战略

"一带一路"建设是中国扩大对外开放的重大战略举措。2013年9月，习近平总书记在访问哈萨克斯坦期间首次提出了共同建设"丝绸之路经济带"的倡议。同年10月，他在印度尼西亚发表重要演讲时明确提出了要同东盟国家建设"21世纪海上丝绸之路"的构想。由此，"一带一路"倡议正式登上国际舞台。2014年中央经济工作会议提出把"一带一路"建设纳入优化中国经济发展空间格局的重大国际战略，这意味着"一带一路"已经成为中国顶层战略，是中国对外开放工作的重中之重。"一带一路"既不是地缘政治工具也不是对外援助计划，而是以互联互通为主线，同各国加强政策沟通、设施联通、贸易畅通、资金融通、民心相通的国际经济合作新平台。共商共建共享、开放绿色廉洁、高标准惠民生可持续，是高质量共建"一带一路"的重要指导原则。2023年10月，在第三届"一带一路"国际合作高峰论坛开幕式上习近平总书记正式宣布了中国支持高质量共建"一带一路"的八项行动，即：构建"一带一路"立体互联互通网络，支持建设开放型世界经济，开展务实合作，促进绿色发展，推动科技创新，支持民间交往，建设廉洁之路，完善国际合作机制。八项行动不仅涉及对外贸易、外资准入、民生援助等常规议题，还扩展到数字贸易、廉洁丝路、智库建设等范围，表明中国对外开放的领域不断拓展、程度不断加深、范围不断扩大，同时也为"一带一路"建设增添了新动能和指明了新方向。

（四）畅通国内国际循环，构建对外开放新格局

加快形成以国内大循环为主体、国内国际双循环相互促进的新发展格局是对外开放发展的必然要求。自改革开放以来，特别是加入世界贸易组织后，中国一直都是市场和资源"两头在外"的国际大循环战略。随着世界经济形势发生深刻变化，国际大循环动能明显减弱。基于新的历史条件，习近平总书记指出要进一步加快构建对外开放的新格局，向以国内大循环为主体、国内国际双循环相互促进的新发展格局转变。国内大循环是中国参与国际合作与竞争的新优势。历史经验表明，大国在发展中都会以内需为主导、内部可循环为特征。因此，构建新发展格局符合中国经济发展的必然趋势，有利于形成可持续的竞争力和推动力。此外，中国作为世界第二大经济体和制造业第一大国，拥有完备的工业体系，具备高度的产业配套和协同效应，具有强大的发展韧性和巨大的增长空间，这使得中国在应对外部挑战时能够保持相对稳定的经济运行。需要指出的是，以国内大循环为主体并不是要放弃国外市场，而是实现国内国际双循环有效协同。构建新的发展格局不意味着封闭自守，放弃对外开放，而是转向更好地处理开放和自主发展的关系。通过推动国内大循环，使中国成为吸引全球资源要素和国际商品的巨大引力场，让国际市场成为国内市场的延伸，实现以内促外的发展。构建双循环新发展格局不仅有利于强化中国经济的内部稳定性和可持续性，而且保证了对外部资源的灵活利用，从而保障了经济安全。同时，中国作为世界第二大经济体，其健康发展是全球经济平稳运行的关键点。因此，稳定和完善国内经济发展，也为世界经济的繁荣与稳定贡献了力量。

（五）参与全球事务治理，作出对外开放新贡献

长期以来，西方国家一直主导着全球政治经济秩序，但是随着中国

综合国力的不断提升，中国日益成为全球事务治理的重要力量。新时代以来，中国始终积极参与全球治理体系改革和建设，贡献了共商共建共享的全球治理观，指引着全球治理朝着更加公正合理的方向发展。第一，以平等为特点的共商理念。各国在全球事务治理中应拥有平等的话语权，不论国家大小、强弱、贫富都应平等相待。面对国际事务时，要以民主为基本原则，各国通过充分的协商，求同存异，凝聚共识，共同确定合作的方向、目标、规划和具体举措。针对国际冲突和矛盾，要通过对话协商解决分歧。鼓励各国共同维护多边主义体制和机制，避免采取单边主义。第二，以联动为特点的共建理念。各国应该共同推动经济发展，共同建设和完善全球治理体系，实现共同繁荣。全球性挑战需要各国通力合作、共同应对、共同参与、共同决策，发挥各方优势，联动一切资源、技术、政策、规则，凝聚力量共同推动全球事务的解决。第三，以互惠为特点的共享理念。共享是指共享全球发展成果，其主题是互惠共赢。共享的实现需要建立公平、公正的国际秩序，确保各国在全球化进程中能够公平地分享资源、市场和发展机会。中国提出的构建人类命运共同体、全球发展倡议、全球安全倡议、全球文明倡议等正促进各国利益和命运日益紧密相连，形成利益共同体，为促进全球发展注入了强劲动力。

（六）坚持发展安全并重，筑造对外开放新屏障

统筹发展和安全，是中国对外开放的一个重大原则。在深圳经济特区建立40周年庆祝大会上，习近平总书记强调，"越是开放越要重视安全"[①]。一方面，我国正面临世界百年未有之大变局，国际环境复杂严峻；另一方面，推进发展必须要开放，而开放使得中国与世界联系更加紧密，粮食、能源、数据、金融等事关国家安全的领域都易受到经济全球

---

① 《在深圳经济特区建立40周年庆祝大会上的讲话》，《人民日报》2020年10月15日。

化的深刻影响，这些现实的问题因素使得中国必须兼顾发展和安全两件大事，在推进发展中防范和化解重大风险以维护国家安全。2020年12月，习近平总书记就贯彻总体国家安全观提出"十个坚持"的要求，强调要坚持统筹发展和安全，坚持发展和安全并重，实现高质量发展和高水平安全的良性互动。一是要增强自身竞争能力。"发展是基础，经济不发展，一切都无从谈起"①，开放发展是维护国家安全的物质基础和重要保障。因此，只有实现高质量发展，才能增强国家竞争能力，从而实现更高水平的安全。二是提高开放监管能力。要建立健全国家安全保障体制机制，构筑与更高水平开放相匹配的监管和风险防控体系，完善监管制度，划定监管红线，增强监管协同，明确法律责任，着力提升开放监管能力和水平。三是强化风险防控能力。要切实增强忧患意识，做到居安思危，坚持底线思维，既要高度警惕"黑天鹅"事件，也要防范"灰犀牛"事件；既要有防范风险的经济安全防控机制，也要有应对和化解风险挑战的经济安全保障体制，有效防范化解中国现代化进程中的重大风险。

习近平总书记关于开放的重要论述主要体现为以新发展理念科学指引高水平对外开放；对接国际高标准，建设开放型经济新体制；依托"一带一路"实施对外开放新战略；畅通国内国际循环，构建对外开放新格局；参与全球事务治理，提供对外开放新贡献；坚持发展安全并重，筑造对外开放新屏障。这些重要论述科学回答了"实现什么样的开放""怎样扩大开放""如何提高对外开放水平"等问题，为新时代继续推进高水平对外开放提供了根本遵循。

---

① 《在党的十八届五中全会第二次全体会议上的讲话（节选）》，《人民日报》2016年1月1日。

三、习近平总书记关于开放重要论述的时代意义

习近平总书记关于开放的重要论述继承马克思、恩格斯、列宁和改革开放以来中国共产党人的开放思想，在新时代中国对外开放的实践基础上不断推进开放理论创新，从整体上推动了马克思主义开放思想的创新发展，提供了新时代更高水平开放的行动指南，贡献了构建人类命运共同体的中国方案。

（一）推动了马克思主义开放思想的创新发展

实践是认识的源泉，科学的理论来源于实践，并在接受实践的检验中不断完善发展。马克思恩格斯基于社会生产力的快速发展指出，人类社会发展历史必然向世界历史转变，经济的全球化发展必将形成世界市场。十月革命胜利后，诞生了世界上第一个社会主义国家，改变了世界的格局。新生的社会主义国家如何在资本主义占据支配地位的世界经济体系中发展和建设社会主义，如何处理社会主义国家的开放问题成为列宁亟须回答的问题。列宁认为越是在这种特殊的环境，社会主义越要积极同世界发生联系。他提出要利用资本主义来建设社会主义，并就利用外资、发展外贸、引进设备技术等问题进行了初步的探索。改革开放以来，中国实施对外开放战略，在中国特色社会主义开放思想指导下，中国对外开放实践为中国带来了历史性的转变和成就，让中国日益走近世界舞台中央，成为全球政治经济体系中的重要力量。进入新时代，习近平总书记将马克思主义理论与中国对外开放实践相结合，继承和发展了中国特色社会主义开放理论，系统性地提出了扩大高水平对外开放、构建开放型经济新体制、坚持发展与安全并重等一系列新的对外开放重要论述，深化了中国共产党对开放发展规律的认识，为发展马克思主义开放思想作出了原创性贡献。

（二）提供了新时代更高水平开放的行动指南

习近平总书记关于开放的重要论述是习近平新时代中国特色社会主义思想的重要组成部分，为推进新时代高水平开放提供了行动指南。实现高水平对外开放就是要以新发展理念为科学指引，对接国际高标准，建设更高水平的开放型经济新体制，统筹国内国外"两个大局"，构建以国内大循环为主体，国内国际双循环相互促进的新发展格局，扎实推进"一带一路"建设高质量发展，着力统筹发展与安全两件大事，不断增强驾驭高水平对外开放的能力，同时要在高水平对外开放中积极承担国际责任，为全球事务治理提供中国智慧和中国方案。从新发展理念到构建高水平对外开放的新体制、新战略、新格局、新贡献、新屏障，习近平总书记从六大维度指明了推进高水平对外开放的实践路径。党的二十大报告将这些方面进一步细化为："依托我国超大规模市场优势，以国内大循环吸引全球资源要素，增强国内国际两个市场两种资源联动效应，提升贸易投资合作质量和水平。稳步扩大规则、规制、管理、标准等制度型开放。推动货物贸易优化升级，创新服务贸易发展机制，发展数字贸易，加快建设贸易强国。合理缩减外资准入负面清单，依法保护外商投资权益，营造市场化、法治化、国际化一流营商环境。推动共建'一带一路'高质量发展。优化区域开放布局，巩固东部沿海地区开放先导地位，提高中西部和东北地区开放水平。加快建设西部陆海新通道。加快建设海南自由贸易港，实施自由贸易试验区提升战略，扩大面向全球的高标准自由贸易区网络。有序推进人民币国际化。深度参与全球产业分工和合作，维护多元稳定的国际经济格局和经贸关系。"①

---

① 习近平：《高举中国特色社会主义伟大旗帜　为全面建设社会主义现代化国家而团结奋斗——在中国共产党第二十次全国代表大会上的报告》，人民出版社2022年版，第32—33页。

（三）贡献了构建人类命运共同体的中国方案

习近平总书记在党的二十大报告指出："中国始终坚持维护世界和平、促进共同发展的外交政策宗旨，致力于推动构建人类命运共同体。"①人类命运共同体的内涵包括：第一，人类命运共同体秉承和平共处、独立自主的理念。一方面强调各国之间应该通过和平手段解决争端和矛盾，避免使用武力解决问题，坚持通过对话协商解决分歧。相互尊重、平等相待，不干涉内政，不以强权霸道对待其他国家，共同维护国际和地区的和平稳定。另一方面，鼓励各国保持独立自主的立场。这意味着每个国家都有权利自主选择发展道路，制定适合自身国情的政策，不受外部势力的干扰或控制。各国在发展中也应该尊重彼此的文化、制度和社会模式，保持开放心态，积极进行文明交流互鉴，吸收其他国家的优秀经验，共同促进人类文明的发展。第二，人类命运共同体奉行互利共赢、共商共建的理念。强调各国应该共同推动经济发展，实现共同繁荣。这不是以一方为主、剥削另一方，而是在合作的基础上实现互利共赢，让各国都能从共同合作中受益。同时，各国也要共同推动全球治理体系的建设和改革，推动国际秩序朝着更加公正、合理的方向发展。习近平总书记关于开放的重要论述与人类命运共同体的内涵高度契合，不仅主张开放共享发展，而且为构建人类命运共同体提供了有效载体；不仅立足自身发展以自身发展促进全球经济发展，而且积极承担国际责任，积极参与全球事务治理，努力推进新的国际秩序构建。

总的来说，习近平总书记关于开放的重要论述顺应了人类发展趋势，回应了当前人类面临的一系列共同挑战，为人类共同发展、共同繁荣提供了正确的方向和切实有效的方法，推动了人类文明新发展。

---

① 习近平：《高举中国特色社会主义伟大旗帜　为全面建设社会主义现代化国家而团结奋斗——在中国共产党第二十次全国代表大会上的报告》，人民出版社2022年版，第60页。

▼第二节 新时代对外开放中的广东成就

习近平总书记在党的二十大报告中指出："新时代十年的伟大变革，在党史、新中国史、改革开放史、社会主义发展史、中华民族发展史上具有里程碑意义。"[①]广东是改革开放的排头兵、先行地和实验区，新时代以来广东深入贯彻落实习近平新时代中国特色社会主义思想，全面深化改革，科学构建开放型经济新体制和新发展格局，不断打好外贸、外资、外包、外经、外智"五外联动"组合拳，推动广东高水平对外开放，取得辉煌成就。

一、外贸规模与结构稳步增长优化

习近平总书记指出："要加快建设贸易强国，升级货物贸易，创新服务贸易，发展数字贸易，以数字化绿色化为方向，进一步提升国际分工地位，向全球价值链中高端迈进。"[②]新时代以来广东积极推进贸易高质量发展，持续强基础、补短板、扬优势、优服务，不断做强做优做大对外贸易。

第一，广东外贸规模稳步增长。2012—2022年，广东省外贸进出口总额实现了从6.21万亿元到8.31万亿元的历史飞跃，2012年贸易规模已超6万亿，2018年贸易规模跃升至7万亿之上，2021年贸易规模突破8万亿大

---

① 习近平：《高举中国特色社会主义伟大旗帜 为全面建设社会主义现代化国家而团结奋斗——在中国共产党第二十次全国代表大会上的报告》，人民出版社2022年版，第15页。
② 《积极参与世界贸易组织改革 提高驾驭高水平对外开放能力》，《人民日报》2023年9月28日。

关，①广东省外贸规模稳步实现了三次万亿级体量跨越。在这一期间，广东省进出口贸易额整体增长了33.8%，年均增长约3.4%。其中，出口总值从2012年的3.62万亿元增长到2022年的5.33万亿元，整体增长47.2%；进口总值从2012年的2.59万亿元增长至2022年的2.98万亿元，②年均增长1.5%。目前广东省外贸规模已经连续37年排名全国第一，稳居全国外贸第一大省地位。③在全国7个"外贸万亿之城"中，广东省的深圳市、东莞市和广州市就占据了三个席位。2022年，广东省统筹疫情防控和经济社会发展，外贸进出口面对国内国际多重超预期因素冲击迎难而上，展现强大韧性，在2021年高基数基础上努力实现了0.5%的正增长，外贸进出口总额占全国进出口总值19.8%，④外贸进出口规模再上历史新台阶。

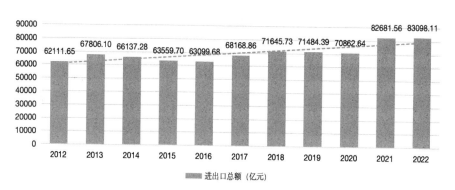

图4-1　2012—2022年广东省外贸进出口总额趋势图

　　第二，广东外贸结构持续优化。广东省的进出口贸易不仅在量上有

① 参见广东省统计局、国家统计局广东调查总队：《广东统计年鉴2023》，中国统计出版社2023年版。
② 参见广东省统计局、国家统计局广东调查总队：《广东统计年鉴2023》，中国年鉴出版社2023年版。
③ 参见《我省外贸规模连续37年全国第一》，《南方日报》2023年1月19日。
④ 参见《我省外贸规模连续37年全国第一》，《南方日报》2023年1月19日。

突破，在质上也有提升。从进出口商品结构来看，商品的技术含量不断提升，高新技术产品出口额从2012年的2213.7亿美元[①]增长至2022年的2510.13亿美元[②]，电动载人汽车、自动数据处理设备及其零部件、集成电路、无人机、太阳能电池和蓄离子蓄电池等商品出口量不断提升，进口商品除了农产品、原油等民生保障用品不断增长外，半导体制造设备等高技术产品的进口数量也在逐步提升。从贸易主体结构来看，新时代以来广东逐步形成了民营企业、外商投资企业、国有企业三层级贸易主体结构，2018年民营企业进出口总额首次超过外商投资企业，成为广东外贸进出口主力军。[③]从2012年到2022年，广东民营企业进出口总额占整体进出口总额的比例由29.2%[④]增长至2022年的57.6%[⑤]，民营企业活力足，竞争力强，为广东外贸发展提供强劲动力，国有企业外贸快速增长，外商投资企业进出口总额比例有所下降。从贸易伙伴结构来看，广东对外贸易伙伴向多元化方向发展，广东不仅不断巩固对中国香港地区和欧盟、美国、日本、韩国等国的进出口贸易，还积极拓展与东盟、非洲、拉丁美洲、俄罗斯、印度等新兴市场的贸易往来。特别是自"一带一路"倡议提出以来，广东对外贸易伙伴进一步扩大，目前与广东有贸易往来的国家和地区已经由2012年的225个增长至2022年的231个。[⑥]2022年，广东的前五大贸易伙伴为东盟、中国香港、美国、欧盟和中国台湾，广东在国际贸易市场布局上持续优化。从贸易方式结构来看，新时代以来广东形成了以一般贸易为

---

① 参见广东省统计局、国家统计局广东调查总队：《广东统计年鉴2013》，中国统计出版社2013年版，第475页。

② 参见《广东统计年鉴2023》。

③ 参见《新中国成立70周年广东经济社会发展成就系列报告》（对外贸易篇）2019年9月18日。

④ 参见《广东外贸进出口值突破8万亿元》，《广州日报》2022年9月27日。

⑤ 参见《我省外贸规模连续37年全国第一》，《南方日报》2023年1月19日。

⑥ 参见《"阔步"十年 广东外贸屡创新高》，《南方日报》2022年9月27日。

主、加工贸易为辅、保税物流等为补充的贸易方式结构，广东一般贸易稳步增长，一般贸易比重由2012年的33.4%[1]上升到2022年的54.6%[2]，年均增长2.12%。2016年，广东一般贸易进出口总额自1986年以来首次超过加工贸易总额，[3]占比43.5%，逐步成为广东对外贸易活动中的主要贸易方式。除此之外，广东正在推进对外贸易数字化转型，新兴贸易业态不断发展，跨境电商进出口和市场采购出口实现快速增长，2019年跨境电商新业态规模已经位居全国第一。[4]

二、外资体量与利用持续扩容增效

习近平总书记强调"纵观全球，发达国家和新兴经济体都把吸引和利用外资作为重大国策"，新征程上要以"更大力度吸引和利用外资"[5]。新时代以来广东认真贯彻落实习近平总书记的重大决策部署，引进的外资体量不断扩大，实际利用外资额整体稳步增长。广东实际利用外资从2012年的241.06亿美元[6]增长到2022年的1819.02亿元[7]，实际使用外资金额累计超过1.4万亿人民币[8]。新时代以来在广东新设立的外商直接投资企业累计约13.5万家，年均增速超10%，位居全国第一。[9]新增外商直接投资项目从

---

[1]　参见《广东外贸进出口值突破8万亿元》，《广州日报》2022年9月27日。

[2]　参见《我省外贸规模连续37年全国第一》，《南方日报》2023年1月19日。

[3]　参见《"阔步"十年　广东外贸屡创新高》，《南方日报》2022年9月27日。

[4]　参见《广东外贸连续34年全国第一》，《南方日报》2020年1月20日。

[5]　习近平：《当前经济工作的几个重大问题》，《求是》2023年第4期。

[6]　参见广东省统计局、国家统计局广东调查总队：《广东统计年鉴2013》，中国统计出版社2013年版，第497页。

[7]　参见《2022年广东省国民经济和社会发展统计公报》，《南方日报》2023年3月31日。

[8]　参见《广东改革开放迈上新台阶　"两个重要窗口"作用凸显》，《南方日报》2023年4月7日。

[9]　参见《广东改革开放迈上新台阶　"两个重要窗口"作用凸显》，《南方日报》2023年4月7日。

2012年的6043个①增加至2022年的13365个②，年均增长约12.17%。在外商投资的产业中，服务业的投资比重不断提升，广东服务业实际使用外资占比由2012年的39.9%提升至2022年的74.1%③，服务业逐步成为外资主要投资产业。

图4-2　2012—2022年广东省实际利用外资额趋势图

高质量发展离不开高技术支撑，广东积极引导外资向高端制造业投入。2022年广东高技术产业实际使用外资634.9亿元，同比增长20.6%，在全省占比达34.9%，其中，以研发设计、信息服务为主的高技术服务业同比增长19.9%，高技术制造业同比增长22.5%。④整体来看，外资在广东的实体经济和新兴战略产业投资方面呈现出集聚态势。新时代以来，法国空中客车（中国）创新中心、苹果深圳研发中心、英特尔中国南方创新中心、思科（广州）智慧城、日立汽车马达、东丽高新聚化材料、赛默飞世

① 参见《2012年广东省国民经济和社会发展统计公报》，《南方日报》2013年2月27日。
② 参见《2022年广东省国民经济和社会发展统计公报》，《南方日报》2023年3月31日。
③ 参见《广东改革开放迈上新台阶　"两个重要窗口"作用凸显》，《南方日报》2023年4月7日。
④ 参见钟旋辉：《广东发展报告（2023）》，社会科学文献出版社2023年版，第162页。

尔精准医疗、艾默生能源、西门子智慧能源、欧绿保佛山环保科技小镇等一批外资项目，特别是巴斯夫、埃克森美孚百亿美元级标志性重大外资项目相继落户广东，彰显广东对高端优质外资项目的强大吸引力。广东对外资的持续优化利用为广东的产业转型升级提供了重要动力。广东使用外资取得的成绩离不开科学政策的支持，为持续提升广东利用外资的规模、质量和水平，广东在全国率先出台了首个地方外商投资权益保护条例，先后出台了"外资十条"及其修订版政策措施等，不断为引进和利用外资提供政策保障。

三、外经布局与交通不断协调联动

习近平总书记指出，要"以'一带一路'建设为契机，开展跨国互联互通，提高贸易和投资合作水平"[①]。新时代以来广东抓住时代机遇，积极融入并推进"一带一路"建设，企业"走出去"成效显著，累计在境外新设立企业（机构）1468家，[②]对外投资金额持续扩大。从2012年到2022年，广东新增境外投资金额从43.38亿美元[③]提升至220.72亿美元[④]，十年间整体增长了408.8%。境外经济贸易合作区是广东对外投资发展的重要内容，也是广东加强与"一带一路"沿线国家交流合作、互利共赢的有效载体。目前，广东省第一批对外投资建设的境外经济贸易合作区共有7家，分别是广垦泰华天然橡胶加工产业经贸合作区，尼日利亚广东经济贸易合作区，"一带一路"产业园（尼日利亚），乌干达·中国（广东）国际产

---

① 《总结经验坚定信心扎实推进 让"一带一路"建设造福沿线各国人民》，《人民日报》2016年8月18日。

② 参见《向海好扬帆 广东乘"一带一路"东风持续扩大开放》，《证券时报》2023年10月13日。

③ 参见《2012年广东省国民经济和社会发展统计公报》，《南方日报》2013年2月27日。

④ 参见《2022年广东省国民经济和社会发展统计公报》，《南方日报》2023年3月31日。

能合作工业园，中国·越南（深圳·海防）经济贸易合作区，华坚埃塞俄比亚轻工业城以及TCL波兰经贸合作区。这7家境外经贸合作区各自的主导产业鲜明，分工明确，是广东依托"一带一路"发展对外贸易的战略枢纽，一方面能够有利于利用合作地的优势禀赋为广东发展提供资源支持，另一方面能够开辟海外市场，为广东对外贸易打开销路，境外经贸合作区正成为广东企业"走出去"的有力依托。因此，广东先后发布了《广东省境外经贸合作区扶持政策》《支持广东省境外经贸合作区发展金融服务措施》等政策措施，积极稳妥推进境外经贸合作区精细化建设，加强对境外经贸合作区的指导和服务工作，推动境外经贸合作区高质量发展。2022年，这7家境外经贸合作区总计实现产值38.7亿美元，带动货物出口8.5亿美元。[①]

便利的国际交通是广东对外经贸合作的关键支撑。为配合对外经贸布局和发展，在陆运交通方面，广东在全省设立8个运营站点，开往全球40多个国家和地区，2022年发运班列和货值较上一年分别增长1.2倍和63%。[②]除此之外，广东还开通了中亚、东南亚等国际货运班列，每年开行班列稳步增长。在海运交通方面，2013年，广州主力港区南沙港区仅仅开通了42条外贸航线，集装箱吞吐量刚刚突破1000万标箱，而目前外贸航线已增长至150余条，其中共建"一带一路"国家航线达120余条，海运贸易往来的国家和地区达100多个，集装箱吞吐量超过1800万标准箱。[③]从广东在建设"一带一路"过程中对合作国家的主要贸易口岸来看，蛇口口岸、南沙新港和深圳湾口岸是广东对外进出口前三大主要口岸，新时代十

---

① 参见《广东六大举措打好"稳外贸"组合拳》，《经济参考报》2023年10月24日。

② 参见《广东六大举措打好"稳外贸"组合拳》，《经济参考报》2023年10月24日。

③ 参见《向海好扬帆 广东乘"一带一路"东风持续扩大开放》，《证券时报》2023年10月13日。

年三大口岸进出口贸易分别增长了114.5%、552.2%和904.3%。[①]在空运交通方面，广东不断搭建对外经贸合作空中之桥，以白云机场为例，目前白云机场已经与"一带一路"沿线中的27个合作国家开通了41个航站点，[②]这种"空中丝绸之路"的建设还将继续加速扩大规模。总体来看，截至2022年，广东海陆空三维立体式对外经贸合作交通网络体系已经有了质的进展，以水路、航空、铁路运输方式对共建"一带一路"国家进出口分别较2013年增长79.3%、653.4%、109.1%，[③]广东对外经贸合作交通体系将在持续增量提质过程中与广东对外投资布局协调联动，推动广东对外经济高质量发展。

四、外包服务与项目迈向优质高端

新时代以来广东紧紧抓住全球服务外包加速发展和转移的重大机遇，大力发展服务外包产业，不断推动广东服务外包产业提档升级。外包产业是指企业将原本属于自己的一部分业务外部委托给专业化服务供应商进行管理和执行的商业模式。这种模式不仅可以降低企业运营成本，提高效率，还可以使企业的精力更多地集中在核心业务上。新时代以来广东服务外包产业持续发展，从2012年到2022年，广东服务外包产业执行金额由52.2亿美元[④]增长到322.4亿美元[⑤]，整体提升517.62%。服务外包结构不断优化，信息技术外包（ITO）、业务流程外包（BPO）和知识流程外包（KPO）构成广东服务外包的主要结构，2012年广东承接这三大主要离岸

[①] 参见《与共建国家进出口额十年增长56.3%》，《南方日报》2023年10月17日。
[②] 参见《海陆空港齐飞跃 跨越山海向世界》，《南方日报》2023年10月20日。
[③] 参见《与共建国家进出口额十年增长56.3%》，《南方日报》2023年10月17日。
[④] 参见《服务外包业"多点崛起"》，《经济日报》2013年12月2日。
[⑤] 参见《广东从服贸大省迈向服贸强省》，《南方日报》2023年9月4日。

服务外包执行金额分别为16.88亿美元、10.83亿美元和12.3亿美元。[①]2022年广东承接这三大主要离岸服务外包执行金额分别为78.1亿美元、42.9亿美元和59.9亿美元[②]，相较于2012年总体上分别增长362.68%、296.12%和387%，服务外包业务仍然以信息技术外包为主，但是具有更高附加值和技术含量的知识流程外包年均增长速度和整体增长幅度最大，知识流程外包服务的市场份额不断拓展，展现出强有力的发展势头。从服务外包产业的具体细分服务业务来看，医药和生物技术研发服务、电子商务平台服务、文化创意服务、信息技术运营和维护、管理咨询服务、工业设计服务和互联网营销推广服务等外包服务执行金额增长迅速。广东承接的服务外包整体呈现出向计算机类、通信工程类、工业设计类和生物医药类等高新技术行业集中的趋势，外包服务与项目向优质高端化方向迈进。

广东的服务外包业务主要来源于中国香港和东盟、美国等发包市场，其中香港是最大的服务外包发包地，随着近年来"一带一路"建设的深入推进，广东承接"一带一路"沿线国家和地区的服务外包业务快速增长，具有赶超香港的态势，这也在另一层面显示出广东服务外包产业向着多元化国际市场发展，不再拘泥于传统的合作国家和地区，这为广东的服务外包产业进一步做大做强和转型升级提供了市场空间和动力。新时代以来广东在服务外包产业专注发展，形成了诸多承接服务外包的示范城市。2012年广东承接服务外包的主要是广州和深圳两大城市，随着广东在服务外包产业中精耕细作，截至2021年已经形成广州、深圳、佛山、珠海、东莞、中山6个省级（国家级）服务外包示范城市（其中广州、深圳、佛山为国家服务外包示范城市）协同承接服务外包产业的服务外包城市新格局，

①　参见陈万灵、李青、林吉双：《广东对外经济贸易发展研究报告（2013—2014）》，社会科学文献出版社2014年版，第194—195页。
②　参见《中国服务贸易发展报告2022》，中华人民共和国商务部网站2023年9月3日，第39页。

各城市立足自身特色优势，不断创新服务外包模式，共同推动广东服务外包产业向高技术、高附加值、高品质、高效益方向持续转型升级、优质发展。

五、外智引进与合作接续赋能创新

习近平总书记强调"人才是第一资源"[①]，要"加强人才国际交流，用好用活各类人才"，"把各方面优秀人才集聚到党和人民事业中来"。[②]人才是广东发展的关键支撑，引进海外优秀人才是打造广东高层次人才队伍的有效之举。新时代以来广东加快人才高地建设，大力实施人才优先发展战略，持续推进引智计划，不断引进大量高层次海外人才，助力经济社会繁荣发展。广东以"珠江人才计划"为龙头，将长期引才项目和短期引才项目相结合，对高层次海外人才开展柔性引才，以"人才优粤卡"引才聚才，在全国首推以市场为导向的创业领军团队资助引才，依托重大人才工程项目引智引才以及针对海外优秀博士引才等，不断为广东发展提供技术和智力支撑。

从引进外智的总体概况来看，据不完全统计，近年来广东累计引进高层次海外人才超5.8万人，其中诺贝尔奖获得者、发达国家院士、终身教授等142人，入选中央"外专千人计划"19人，评审引进122名省领军人才，累计留学回国人员12.74万人，[③]总量居全国前列。广东依托"珠江人才计划"，先后引进八批次238个创新创业团队、697名高层次人才，其中留学

---

① 习近平：《高举中国特色社会主义伟大旗帜 为全面建设社会主义现代化国家而团结奋斗——在中国共产党第二十次全国代表大会上的报告》，人民出版社2022年版，第33页。

② 习近平：《高举中国特色社会主义伟大旗帜 为全面建设社会主义现代化国家而团结奋斗——在中国共产党第二十次全国代表大会上的报告》，人民出版社2022年版，第36页。

③ 参见《来粤海外人才每年超15万人次》，《南方日报》2017年4月18日。

人员参与的团队和个人项目分别占总数的81.5%和60.7%。[①]港澳人才是支持广东建设的重要力量,广东持续深化与港澳地区人才交流合作。截至2020年,依托"珠江人才计划",广东共从港澳地区引进创新创业团队15个、院士10人、领军人才6人,汇聚港澳高层次人才170多人;港澳高校及在粤机构承担实施国家、省重大科技项目808项,获得5.8亿元支持资金。[②]从重大人才工程项目引才来看,广东注重以项目驱动人才,2020年国家外国专家立项186个项目,"银龄专项"立项149个项目,"海外名师"资助400个项目,实施"珠江人才计划"共计引进八批次238个创新创业团队、697名高层次人才。[③]自2016年起,广东便开始探索招揽全球排名前200的海外高校毕业的优秀博士来粤从事博士后研究,项目实施三批以来,累计引进645名博士后,[④]吸引集聚了一大批海归优秀博士来粤创新创业。

粤港澳大湾区建设是广东发展新的增长点,也是吸引海外人才的强磁场。广东立足于粤港澳大湾区建设,持续完善粤港澳招才引智生态,不断打造前海深港青年梦工场、粤港澳国际青年创新工场、横琴澳门青年创业谷等创新创业平台,大力建设琴澳跨境人才工程、澳门产业技术研究院、国家海外人才离岸创新创业基地等,不断为引进更多的海外优秀人才提供载体支撑。

---

① 参见《广东省人力资源和社会保障厅关于广东省十三届人大四次会议第1486号代表建议答复的函》(2021)。

② 参见《广东省人力资源和社会保障厅关于省十三届人大三次会议第1098号代表建议答复的函》(2020)。

③ 参见《广东省人力资源和社会保障厅关于广东省十三届人大四次会议第1486号代表建议答复的函》(2021)。

④ 参见《广东省人力资源和社会保障厅关于省政协十二届四次会议第20210301号提案会办意见的函》(2021)。

▼ 第三节 扩大广东高水平对外开放

2023年4月10日至13日，习近平总书记在广东考察时指出："中国改革开放政策将长久不变，永远不会自己关上开放的大门"，广东要"围绕高质量发展这个首要任务和构建新发展格局这个战略任务，在全面深化改革、扩大高水平对外开放"等方面，"继续走在全国前列，在推进中国式现代化建设中走在前列"。①习近平总书记的指示为推动广东高水平对外开放提供了科学指引和精神鼓舞。立足广东对外开放实际，吸收广东对外开放实践经验，聚焦广东当前对外开放中存在的现实问题，要从坚持解放思想、优化营商环境、科学利用资本、提速湾区建设、供给人才支撑等方面协同发力，为扩大广东高水平对外开放注入新动能。

一、坚持解放思想为推进高水平对内对外开放提供精神力量

思想是行动的先导，科学的思想指导科学的行动。习近平总书记指出："坚持解放思想、实事求是，坚持真理、修正错误，是党和人民事业从胜利走向胜利的重要保证。"②党的十一届三中全会以来，党正是在解放思想，实事求是，团结一致向前看的思想基础上开启改革开放的历史序幕，不断推动中国经济高速发展，取得了辉煌成就。在这期间，解放思想始终是贯穿改革开放的一条主线，没有持续不断的解放思想就没有硕果累累的改革开放，正是由于始终坚持不断的解放思想，我们党才能在纷繁复

---

① 《坚定不移全面深化改革扩大高水平对外开放 在推进中国式现代化建设中走在前列》，《人民日报》2023年4月14日。

② 习近平：《在纪念刘少奇同志诞辰120周年座谈会上的讲话》，人民出版社2018年版，第11页。

杂的利益表象中找到各种利益固化的症结所在，才能在千头万绪的问题解决道路上找准突破问题的正确方向和着力点，才能针对性地拿出创新性的应对举措。新时代继续推进广东高水平对内对外开放，要始终坚持解放思想，大兴调查研究之风，把尊崇人民群众的首创精神同加强顶层设计结合起来，把全面深化改革同扩大高水平对内对外开放结合起来，立足现实，实事求是，聚焦问题，寻找方案，敢于突破。

解放思想是有章法和原则的，在解放思想的过程中要始终牢牢坚持以马克思主义为指导，特别是以习近平新时代中国特色社会主义思想为指导，要在科学运用习近平新时代中国特色社会主义思想的世界观和方法论的基础上解放思想。解放思想要与实事求是紧密结合起来。习近平总书记指出："解放思想不是脱离国情的异想天开，也不是闭门造车的主观想象，更不是毫无章法的莽撞蛮干。解放思想的目的在于更好实事求是。要坚持解放思想和实事求是的有机统一，一切从国情出发、从实际出发，既总结国内成功做法又借鉴国外有益经验，既大胆探索又脚踏实地，敢闯敢干，大胆实践，多出可复制可推广的经验，带动全国改革步伐。"①在实事求是基础上的解放思想是"破"与"立"的统一，"破"就是要打破旧的习惯思维势力阻碍和主观上的偏见束缚，"破"与"立"具体而言，就是"破"旧的思想观念，"立"新的观点认识；"破"旧的思维方式，"立"新的思想方法；"破"旧的精神状态，"立"新的风貌姿态。在推进广东高水平对外开放过程中，要始终坚持解放思想和实事求是相统一，在具体实践中要积极更新知识储备，学习和养成新的科学思维方式，思考问题多从内因着手兼顾外因，运用战略思维、历史思维、辩证思维、系统思维、创新思维、法治思维、底线思维等综合分析、科学研判、对症施

---

① 《在海南建省30周年庆祝大会上的讲话》，《人民日报》2018年4月14日。

策。在面临对内对外开放中的艰难险阻时，要始终保持不畏困难、锐意进取的奋斗姿态，发扬斗争精神，敢上敢干，能上能干，不断解决问题，有所发展、有所创造、有所前进。

二、强化政策引领为打造开放友好的营商环境提供政治保障

"政策和策略是党的生命。"①政策具有导向性作用，科学的政策往往能够引导实现预期的政策目标。新时代继续扩大广东高水平对外开放，首先要以政策为抓手，锚定对外开放高质量发展目标，聚焦国际性高标准营商环境建设，着力在市场准入、用地保障、财政奖励、税收优惠、权益保护等方面出台一系列相关政策，不断优化广东国际化、法治化、市场化的营商环境。第一，立足省内已经存在的对外开放中的现实问题出台具有针对性的科学政策。一是着力解决外商投资中面临的项目用地问题。当前广东省的工业用地指标不足、土地出让价格高的问题是制约外商投资落地的重要因素，要着力从政策上解决外商投资项目难落地问题。二是着力解决知识产权审批和保护问题。外商在投资广东的过程中面临着知识产权保护维权审批流程繁琐，不仅审批周期长而且审批效率低等问题，在一定程度上挫伤了部分来广东投资的外资企业积极性。除此之外，对于外商知识产权被侵害的事件，侵权者的侵权成本低，相关部门对侵权处罚力度不强，亟须完善知识产权保护机制，对标国际标准，抓紧出台相应的政策措施，并建立与国际接轨的知识产权保护体系。

第二，广东聚焦企业落户发展出台一批扶持优惠政策。在落实好国家出台的相关经济政策的基础上，结合广东省实际情况，在市场准入方面，制定更加宽松的市场准入政策，促进企业投资的便利化；在引进企业方

---

① 《毛泽东选集》第4卷，人民出版社1991年版，第1298页。

面，制定更加优质的招商引资政策，包括企业发展扶持、企业落户奖励、企业用地遴选等政策；在产业优化方面，制定更加完善的科技服务、现代物流、电子商务、金融等重点产业专项扶持政策；在人才待遇方面，制定更加具有吸引力的高端人才优惠政策，包括住房保障、医疗服务、子女教育、配偶随迁安置、交通出行、出入境服务等政策；在企业经营纾困方面，制定更加精准有效的纾困惠企政策，主动帮助企业解决困难，减轻负担，渡过难关。政府要在平时积极做好相应的政策储备，根据市场需求适时投放相关政策，促进广东对外开放的营商环境持续稳中向好发展，努力让来粤投资的企业具有长期投资的信心，让更多的投资者能够向往来、留得住、发展好。

三、科学利用资本为外资引进来和内资走出去提供方向指引

习近平总书记指出："在社会主义市场经济体制下，资本是带动各类生产要素集聚配置的重要纽带，是促进社会生产力发展的重要力量，要发挥资本促进社会生产力发展的积极作用。"[1]新时代继续推动广东高水平对外开放需要发挥资本的积极力量，要将资本的"引进来"和"走出去"战略相结合，科学利用外资和内资，助推广东经济高质量发展。第一，科学利用外资发展高端制造业。深入推进"一带一路"建设，不断深化与东盟、中亚、欧洲和非洲等国家和地区的交流合作。推动外资更多向高端制造业投入，助推实体经济高质量发展。着力扩大与世界500强企业的交流合作，积极引进世界知名外资企业的优质项目。科学识别外资的特点并评估其投资效率，特别是技术水平高、项目规模大、管理组织强、资本密集度高的相应资本要用不同的方式对待，有针对性地将不同类型的资本引向

---

① 《习近平谈治国理政》第4卷，外文出版社2022年版，第219页。

具有不同需要的行业和地区。我国当前正处于经济转型期，要推进经济的高质量发展需要以高技术作为产业支撑，要开展一系列高端制造业专项引资活动，以链主招商、隐形冠军招商、订单招商等招商行动为载体，吸引一批在生物医药、新一代信息技术、新材料、人工智能、高端装备制造等行业全球领先的外资企业落户广东，不断促进外商在技术、管理、资金、人才等生产要素方面与广东的交流合作。

第二，科学运用内资开辟世界市场并促进产业转型升级。在内资走出去方面，要着力培育一批具有国际竞争力的跨国企业，一方面立足广东特有的优势，推动省内技术实力强、资金雄厚、管理有力的企业融入"一带一路"建设，进行资本的国际化布局，巩固"一带一路"海外枢纽，由点带线，由线带面，不断开拓国际市场，为国内产品出口打开新的销路，同时积极利用国外的资源为省内企业发展提供支撑。另一方面，引导内资对外投资尽可能参与全球产业链中位于中高端的产业项目，既深度融入全球产业链网络，及时主动掌握全球产业链发展动态，又在全球产业链合作中学习先进的技术和管理经验，为省内经济发展提供国际智慧。除此之外，政府要引导内资将传统产业中部分加工环节向东南亚等原材料成本低、劳动力廉价、政策优惠的国家和地区转移，这样一方面能够促进广东省和东盟贸易的增长，另一方面能够通过这种加工合作在一定程度上对冲部分国家人为施加的关税壁垒，使得企业在产品出口方面能够享受关税豁免。

四、提速湾区建设为深化粤港澳全面合作交流提供战略平台

习近平总书记在广东考察时强调："粤港澳大湾区在全国新发展格局中具有重要战略地位"，广东要"举全省之力办好这件大事，使粤港澳大湾区成为新发展格局的战略支点、高质量发展的示范地、中国式现代化

的引领地"。①提速大湾区建设，建设世界级城市群，能够充分发挥大湾区的虹吸效应，促进人流、物流、资金流、信息流的集聚和流通，对于促进内地与港澳交流合作、建设与国际接轨的开放型经济新体制、构建新发展格局、助力国民经济高质量发展和推进中国式现代化具有重大意义。第一，要科学规划空间。粤港澳大湾区的空间范围中涵盖了广州、香港、澳门、深圳、珠海、佛山等诸多经济强市和纵横交错、高效畅通的交通网络，要依托这些优势，构建极点带动、轴带支撑的网络化空间格局。加强空间相近、产业相融的城市间合作，发挥香港—深圳、广州—佛山、澳门—珠海强强联合的极点引领带动作用。要以粤港澳大湾区的公路、铁路、港口和机场交通网络为主要基干，打造区域经济发展轴带，着力发挥港珠澳大桥的作用，加快完善城市间的交通网络，促进各城市互联互通。要完善城市群和城镇发展体系，立足城市独特优势，以香港、澳门、广州、深圳四大中心城市为区域发展核心引擎，以珠海、佛山、惠州、东莞、中山、江门、肇庆等为重要节点城市，以核心城市发展辐射周边重要节点城市，以重要节点城市带动周边特色城镇发展，不断促进城际合作和城乡融合，为深化粤港澳全面交流合作提供城市载体。

第二，要建设国际科技创新中心。推动科学创新是深化粤港澳合作交流的重要纽带和抓手。要加强内地与香港、澳门科技合作委员会的联系沟通，推动香港、澳门融入国家创新体系，建立粤港澳创新创业合作交流机制，促进粤港澳产学研深度融合。加强粤港澳企业、高校和科研院所之间的合作联系，推动三方联动建设协同创新平台，不断促进科技成果向经济实效转化。要打造高水平科技创新载体和平台，聚焦科技创新，推进国家自主创新示范区建设，着力培育一批高端产业技术创新平台、制造业创新

---

① 《坚定不移全面深化改革扩大高水平对外开放 在推进中国式现代化建设中走在前列》，《人民日报》2023年4月14日。

中心和企业技术中心，大力支持与科技创新密切相关的科技园、产业园、知识城、创新基地、研发中心和重点创新实验室建设，不断为粤港澳全面交流合作提供创新平台。

第三，要加快基础设施互联互通。四通八达、运行高效的基础设施网络是深化粤港澳全面交流合作的有力支撑。在构建现代化综合交通运输体系方面，要汇集粤港澳协同力量，加强港口、机场、铁路、公路联通建设，增强珠三角港口群的国际竞争力，打造世界级机场群，畅通对外综合运输通道，构建大湾区内部快速交通网络，不断提升客运和货运服务水平。在完善信息基础设施方面，要依托物联网、大数据、人工智能等数字技术构建新一代信息基础设施，不断推进粤港澳智慧城市群建设。加快网络共享发展，推动珠三角免费高速网络全覆盖，利用数据促进信息资源共享联通，不断深入推进数字技术与生产生活融合发展，大力发展智慧市政、智慧交通、智慧金融、智慧医疗、智慧社区等，筑牢粤港澳深化交流合作的数字基础设施底座。在夯实能源安全保障方面，要大力推动能源转型，发展清洁能源，因地制宜稳步扩大太阳能光伏发电、风能发电、水力发电、生物质能发电规模，科学推进煤炭高效清洁利用，不断构建清洁、低碳、安全、高效的能源供给体系。要强化能源储运体系建设，着力加强粤港澳大湾区内部的电网建设和油气、煤炭储备，不断提升电网的输变电能力和抗风险能力、油气和煤炭的供应保障能力，为深化粤港澳全面交流合作提供坚实的能源支撑。

五、实施引才战略为服务企业管理和科技创新提供人才支撑

习近平总书记在党的二十大报告中指出，"科技是第一生产力、人才是第一资源、创新是第一动力"，要"实施科教兴国战略，强化现代化建

设人才支撑"。①人才优势是发展的最大优势,推动广东高水平对外开放不仅要依托本地教育,加强人才培养,实现人才自主供给,还要积极实施引才战略,吸引更多海外优秀人才来粤工作,为推动广东企业发展和科技创新提供高质量人才支撑。第一,加强海外引才政策传播,提升广东对海外人才的吸引力。首先,要打造权威的海外引才政策发布官方平台。以官方平台为核心充分利用数字传播技术,构建政策传播的全媒体矩阵,全方位、多形式宣传广东海外引才政策,让海外人才能够高效、便捷、有效、及时、全面地了解政策,提升政策的透明度和影响力。其次,要拓展政策的咨询渠道。在线上开通智能服务和人工服务双线政策咨询通道,实时为政策咨询者提供详细咨询,同时要建立海外人才需求清单,为海外引才政策的完善提供政策参考。在线下既要建立与线上相匹配的政策咨询通道,还要建立尖端人才专项政策咨询绿色通道,不断为广东海外引才提供优质的政策宣传支撑。

第二,立足产业实际发展需要,大力引进海外留学人员和海外高层次人才。首先,围绕广东的十大战略性支柱产业、十大战略性新兴产业、六大未来产业,梳理当前产业发展中亟须的具体高端人才岗位,为有针对性的海外人才招聘提供精准靶向。其次,组织企业联合海外招聘团,多批次、多国家开展海外人才招聘活动。利用好中国海外人才交流大会的平台红利并不断办好省内的海外人才交流会,加大人才挖掘力度,不断引进高端优秀人才。最后,加强与海外华人华侨团体和留学生组织的联系合作,建立海外留学人员和高层次人才数据库,定期开展海外留学人员和高层次人才宣讲会、联谊会、交流会和举荐会,让海外留学人员和高层次人才了解广东区位优势、广东发展前景、广东产业需要和广东人才需求,促进海

---

① 习近平:《高举中国特色社会主义伟大旗帜 为全面建设社会主义现代化国家而团结奋斗——在中国共产党第二十次全国代表大会上的报告》,人民出版社2022年版,第33页。

外留学人员和高层次人才来粤创新创业发展。

第三，提升用人单位自主权，实行更有吸引力的福利待遇。首先，为海外引进人才提供优厚的生活条件。用人单位要在已有政策的基础上根据单位实际情况进一步加大对海外引进人才在购房补贴、安家费、科研配套经费、生活补助、节日福利等方面的支持力度。其次，为海外引进人才提供优质的工作平台。用人单位要加强与单位相关的重点实验室、博士后流动站、科技创新中心、研发中心和高等院校科研平台建设，不断为海外引进人才提供高水平的软硬件设施和国际一流的工作环境。最后，为海外引进人才提供具有竞争力的薪酬奖励。用人单位要完善海外引进人才薪酬奖励制度，推动构建精神奖励和物质奖励相结合的多样化奖励体系。在精神奖励上，要根据海外引进人才工作实效分层次地予以表彰，成绩突出的海外引进人才要大力向省市级和国家级层面推荐。在物质奖励上，对海外引进人才要参照国际标准，采用市场化的手段给予具有国际竞争力的薪资待遇，对于企业用人单位，可以进一步将股权激励和分红激励纳入海外引进人才的激励机制体系之中，充分激发海外引进人才来粤工作的积极性。

第五章

激活广东现代化建设的
创新动力

　　"创新是一个民族进步的灵魂，是一个国家兴旺发达的不竭动力。"①广东作为改革创新的排头兵、先行地、实验区，在中国式现代化建设的大局中地位重要、作用突出。党的十八大以来，广东省坚决贯彻落实习近平总书记重要指示精神，将创新作为引领发展的第一动力，敢为人先，锐意进取，积极创新，在新时代创新发展中取得了显著成就，为广东省加快形成以创新为主要引领和支撑的发展模式持续注入强劲动力。在全面建设社会主义现代化国家开局起步的关键时刻，广东要进一步深入推进创新驱动发展战略，营造崇尚创新、鼓励创新、勇于创新的浓厚氛围，把科技创新作为重中之重，创造性抓落实，激活创新动力，再造发展活力新优势，切实担负起推进中国式现代化建设的广东使命。

▼ 第一节　习近平总书记关于创新的重要论述

　　党的十八大以来，习近平总书记在科学认识和把握创新发展形势的基础上，围绕新时代"实现什么样的创新发展、怎样实现创新发展"提出了一系列重要论述。这些重要论述既是对马克思主义经典作家创新思想的继承发展，也是对中国特色社会主义创新思想的赓续推进。围绕创新是引领发展的第一动力，创新处在国家发展全局的核心位置，推进理论、制度、科技、文化等领域的全面创新，科技创新是创新的核心关键等方面谋篇布

---

① 《习近平关于科技创新论述摘编》，中央文献出版社2016年版，第3页。

局。这些重要论述丰富发展了马克思主义创新思想，为新时代中国特色社会主义创新发展提供了行动指南，也为加快创新型强国建设以主动融入全球创新网络提供了实践进路。

一、习近平总书记关于创新重要论述的理论渊源

众所周知，任何一种新的理论诞生绝非一蹴而就，必有一定的理论渊源，必然能在前人的思想成就中找到理论关联，习近平总书记关于创新重要论述的生成也是如此。马克思主义经典作家的创新思想和中国共产党历届领导人的创新思想为习近平总书记创新重要论述提供了理论资源。

（一）马克思主义经典作家创新思想

马克思、恩格斯、列宁等经典作家未曾系统阐释创新理论，其创新思想更多熔铸在诸多文献著作中。马克思、恩格斯、列宁始终坚守辩证唯物主义和历史唯物主义的世界观和方法论，在对资本主义社会的剖析中，其思想处处透显着批判性、革命性意蕴，这种批判性、革命性本身就蕴藏创新。

1. 马克思恩格斯的创新思想

马克思恩格斯十分重视理论创新，认为理论创新对社会变革具有先导作用。马克思指出，"理论只要说服人〔ad hominem〕，就能掌握群众；而理论只要彻底，就能说服人〔ad hominem〕"①，理论的彻底性旨在抓住事物的本质规定性，能为革命阶级注入强劲的物质力量。马克思恩格斯认为资产阶级理论无法指导无产阶级革命实践，必须要进行理论创新。正因如此，马克思恩格斯撰写了《关于费尔巴哈的提纲》《德意志意识形态》《共产党宣言》《资本论》等具有重大革命指导意义的经典力作，为无产

---

① 《马克思恩格斯文集》第1卷，人民出版社2009年版，第11页。

阶级革命提供了正确的理论指导。同时，马克思恩格斯强调，理论从来都不是教条，而是方法论，理论的实际运用要随着社会历史条件的变化而革新，"随时随地都要以当时的历史条件为转移"①。

马克思恩格斯不仅重视理论创新，也重视科技创新和制度创新。马克思恩格斯指出，只有将科学技术融入实际生产，才能使科学技术转化为现实生产力，推动经济社会发展。首先，科学技术是生产力。"资本是以生产力的一定的现有的历史发展为前提的——在这些生产力中也包括科学"②，"劳动生产力是随着科学和技术的不断进步而不断发展的"③。科学技术推动生产力变革，促进生产力发展，创造社会财富，"资产阶级在它的不到一百年的阶级统治中所创造的生产力，比过去一切世代创造的全部生产力还要多，还要大"④。的确，资本家通过采用新机器、新设备，推动了生产力发展，创造了巨大的社会财富，但不可否认的是，资产阶级所创造的社会财富是以剥削劳动工人而实现的。其次，科学技术推动社会制度的革新。基于科学技术是生产力的逻辑，科学技术在变革生产力的同时，也必将带来生产关系的变革，创造出新的生产方式，促成更高级社会形态的建立，如马克思在《哲学的贫困》中指出，"随着新生产力的获得，人们改变自己的生产方式，……也就会改变自己的一切社会关系。手推磨产生的是封建主的社会，蒸汽磨产生的是工业资本家的社会"⑤。可见，社会制度的革新与科技创新紧密相关。

2. 列宁的创新思想

列宁坚持以马克思主义为指导，在理论、制度、科技等方面提出了一

---

① 《马克思恩格斯文集》第2卷，人民出版社2009年版，第5页。
② 《马克思恩格斯文集》第8卷，人民出版社2009年版，第188页。
③ 《马克思恩格斯文集》第5卷，人民出版社2009年版，第698页。
④ 《马克思恩格斯文集》第2卷，人民出版社2009年版，第36页。
⑤ 《马克思恩格斯文集》第1卷，人民出版社2009年版，第602页。

系列创造性认识。列宁进一步揭示了资本主义发展规律，认为资本主义发展已进入帝国主义阶段，帝国主义阶段资本主义国家政治经济发展的不平衡，使得社会主义革命首先在一国或数国取得胜利成为可能。在这一创新理论指导下，列宁成功领导俄国十月革命，建立了世界上第一个社会主义国家，科学社会主义从理论变成现实。在列宁看来，"没有革命的理论，就不会有革命的运动。"①"只有以先进理论为指南的党，才能实现先进战士的作用"②。俄国十月革命的成功是一个重大的理论和实践创新，充分证明了创新理论指导实践的重要性。

革命成功后，列宁领导俄国进行社会主义政权巩固和建设。在制度建设上，俄国起初实行的是"战时共产主义"政策之下的余粮收集制，余粮收集制虽然适用战时，但如果不及时调整，必将挫伤农民生产积极性，引发社会动乱。在总结经验教训后，列宁开始推行以粮食税取代余粮收集制的新经济政策。新经济政策满足了农民物质生活需要，提高了农民生产积极性，允许农民用剩余的粮食换取工业品，一定程度上也促进了工业生产的发展。在列宁看来，新经济政策一定程度上恢复商品贸易和自由，并不是要退回资本主义道路，只要苏维埃政权牢牢掌握在无产阶级手里，"无产阶级政权在这方面就没有什么可以害怕的"③，何况"粮食税是从战时共产主义到正常的社会主义产品交换的过渡"④政策而已。列宁也认识到科技创新的重要性，因此他提出聘用资产阶级的专家、学者、技术人员参与社会主义建设，引进资本主义国家先进科学技术和生产管理组织，"全国电气化"建设方案，以更好地为社会主义建设服务。针对国内民粹派认

① 《列宁选集》第1卷，人民出版社2012年版，第153页。
② 《列宁选集》第1卷，人民出版社2012年版，第312页。
③ 《列宁专题文集：论社会主义》，人民出版社2009年版，第233页。
④ 《列宁专题文集：论社会主义》，人民出版社2009年版，第233页。

为这是对资本主义的"妥协",列宁反驳道,如果这是一种"妥协",那也是必要的"妥协",要在以农业生产为主的生产形式上将俄国建成社会主义社会,是不切实际的。列宁进一步指出,社会主义只能建立在高度发达的物质技术基础上,"没有建筑在现代科学最新成就基础上的大资本主义技术……社会主义就无从设想"①,无疑表明了科技创新对社会主义建设的重要性。

高度重视理论、制度、科技等领域的创新对经济社会发展的推动作用,是马克思主义创新思想的一个基本观点。习近平总书记指出:"理念是行动的先导,一定的发展实践都是由一定的发展理念来引领的。"②"当今世界,经济社会发展越来越依赖于理论、制度、科技、文化等领域的创新。"③习近平总书记进一步阐明了理论、制度、科技、文化等领域的创新对经济社会发展的推动作用,并将之置于国际竞争的视野下进行考量,不仅体现了对马克思主义经典作家创新思想的继承发展,更彰显了习近平总书记面向世界谋划新时代中国特色社会主义创新发展的战略气魄和胸怀。

(二)中国特色社会主义创新思想

"中华民族是勇于创新、善于创新的民族。"④中国特色社会主义创新思想是中国共产党集体智慧的结晶,其形成与发展历程是理论与实践相结合逐步深化的历史过程。新中国成立,至党的十八大召开,这一段历史时期的中国特色社会主义创新思想可划分为两个时期,一是起步初创时期(1949—1978);二是赓续推进时期(1978—2012)。

---

① 《列宁选集》第4卷,人民出版社2012年版,第493页。
② 《习近平谈治国理政》第2卷,外文出版社2017年版,第197页。
③ 《习近平谈治国理政》第2卷,外文出版社2017年版,第203页。
④ 《习近平谈治国理政》第2卷,外文出版社2017年版,第202页。

1. 起步初创时期的创新思想

毛泽东的著作中蕴含着丰富的创新思想，涉及经济、制度、科技、文化等诸多领域，为中国革命、建设提供了思想指引。毛泽东指出："特别像中国这样大的国家，应该'标新立异'，但是，应该是为群众所欢迎的标新立异。为群众所欢迎的标新立异，越多越好，不要雷同。"①强调标新立异本身就表征着一种独创性，一种创新。

理论是行动的先导，理论创新是社会主义建设的必然要求。在社会主义过渡和建设时期，毛泽东提出"一化三改"过渡路线，开创了符合中国国情的社会主义改造道路，提出了社会主义矛盾学说、独立自主外交思想、人民民主专政理论等一系列极具创新性的理论，并将之转化为解决社会主义建设现实问题的具体方案。在制度创新上，毛泽东倡导建立中国共产党领导的多党合作和政治协商制度，旨在坚持中国共产党的领导下，鼓励各民主党派参政议政、谏言献策。创设了人民代表大会制度和民族区域自治制度，为经济落后大国建设社会主义奠定了制度根基。在科技创新上，毛泽东指出，建设社会主义必须依靠科技，重点推进科技创新，要通过科技创新尽快将新中国建设成一个工业化的社会主义强国，要"努力发展自然科学，以服务于工业农业和国防建设"②。1963年，毛泽东在听取聂荣臻汇报十年科学技术规划时强调"科学技术这一仗，一定要打，而且必须打好"③，1956年，毛泽东在最高国务会议第六次会议上指出，"要在几十年内，努力改变我国在经济上和科学文化上的落后状况，迅速达到世界上的先进水平"④。在毛泽东的号召下，新中国在核技术、计算机、

---

① 《毛泽东文集》第7卷，人民出版社1999年版，第80页。
② 《建国以来毛泽东文稿》第7册，中央文献出版社1992年版，第11页。
③ 《毛泽东文集》第8卷，人民出版社1999年版，第351页。
④ 《毛泽东文集》第7卷，人民出版社1999年版，第2页。

半导体等科技领域取得丰硕成果，"两弹一星"成就更是极大鼓舞了中国人民科技创新的信心。在文化创新上，毛泽东提出"古为今用""洋为中用""推陈出新"的创新原则，提出"百花齐放，百家争鸣"的文化指导方针，明晰了新中国文化发展方向。毛泽东的一系列创新思想为改革开放、社会主义现代化建设时期和中国特色社会主义新时期的创新发展提供了重要的创新思路和创新经验。

2. 赓续推进时期的创新思想

党的十一届三中全会后，中国开启了改革开放的伟大序幕，随着工作重心的转移，党和国家创新发展的侧重点也随之转移，国家开始步入中国特色社会主义创新实践阶段，历经以邓小平、江泽民和胡锦涛为主要代表的中国共产党人的赓续推进，形成了对创新思想系统又全面的探讨，为新时代中国特色社会主义创新发展提供了重要理论资源。

在理论创新领域，邓小平始终秉持实事求是、与时俱进原则，进行大胆尝试和创新，围绕"什么是社会主义、怎样建设社会主义"时代课题进行一系列创新部署，涵盖政治、经济、科技、制度、文化等众多领域，形成了以社会主义本质理论、社会主义初级阶段理论、社会主义改革开放理论、"一国两制"等为代表的邓小平理论。江泽民进一步拓展了"创新"的广度和深度，认为"创新，包括理论创新、体制创新、科技创新及其他创新"[1]，强调"注重理论创新，是党的事业前进的重要保证"[2]。"三个代表"是江泽民理论创新的最鲜明彰显。胡锦涛结合世界发展新形势和中国发展需要，进一步深化了对创新的地位、作用和内涵的认识，强调"创

---

① 《江泽民文选》第3卷，人民出版社2006年版，第64页。

② 《江泽民文选》第3卷，人民出版社2006年版，第334页。

新是时代的主旋律"①，"创新已经成为经济社会发展的主要驱动力"②，逐步形成了以人为本、全面协调可持续发展的科学发展观。

在制度创新领域，邓小平指出，"制度好可以使坏人无法任意横行，制度不好可以使好人无法充分做好事，甚至会走向反面"③。围绕经济体制改革，邓小平作出"计划经济不等于社会主义，资本主义也有计划；市场经济不等于资本主义，社会主义也有市场"④的真理性论断，推动建立了社会主义市场经济体制，在社会主义市场经济体制建设上迈出了革命性一步。江泽民进一步推进社会主义与市场经济相结合的时代课题，强调"我们进行体制创新，就是要不断完善适应发展社会主义市场经济、全面建设有中国特色社会主义要求的各方面的体制"⑤。同时，江泽民认为制度创新要处理好改革发展稳定的关系，要采取"从实际出发，先易后难，由浅入深，循序渐进"⑥的方法。胡锦涛强调制度创新要体现和谐社会要求，指出"制度更带有根本性、全局性、稳定性、长期性。完善的体制机制和制度体系，是促进社会和谐、实现社会公平正义的重要保证。"⑦

在科技创新领域。邓小平指出："没有科学技术的高速度发展，也就不可能有国民经济的高速度发展。"⑧1988年9月，邓小平提出"科学技术是第一生产力"⑨的著名论断。1992年，邓小平重申"科学技术是第一

---

① 《胡锦涛文选》第3卷，人民出版社2016年版，第589页。
② 胡锦涛：《在庆祝清华大学建校100周年大会上的讲话》，人民出版社2011年版，第5页。
③ 《邓小平文选》第2卷，人民出版社1994年版，第333页。
④ 《邓小平文选》第3卷，人民出版社1993年版，第373页。
⑤ 《江泽民文选》第3卷，人民出版社2006年版，第65页。
⑥ 《江泽民文选》第2卷，人民出版社2006年版，第254页。
⑦ 《胡锦涛文选》第2卷，人民出版社2016年版，第525页。
⑧ 《邓小平文选》第2卷，人民出版社1994年版，第86页。
⑨ 《邓小平文选》第3卷，人民出版社1993年版，第274页。

生产力"，并着重强调要发展高科技，实现高科技产业化，进一步表明了科技创新对经济社会发展的驱动作用。江泽民指出，完全依靠科技引进的道路行不通，"如果自主创新能力上不去，一味靠技术引进，就永远难以摆脱技术落后的局面"①。在国家重大战略科技项目上，更要依靠自主创新，实现重大战略科技项目攻关突破，"惟有自己掌握核心技术，拥有自主知识产权，才能将祖国的发展与安全的命运牢牢掌握在我们手中。"②在此基础上，提出科技创新要与教育相结合，推动实施了"科教兴国战略"。胡锦涛十分重视增强国家自主创新能力，提出要坚持走中国自主创新道路，建设创新型国家。在全国科学技术大会上胡锦涛指出，"建设创新型国家的决策，……核心就是把增强自主创新能力作为发展科学技术的战略基点，走出中国特色自主创新道路，推动科学技术跨越式发展"③。2012 年，党的十八大报告提出实施创新驱动发展战略，强调科技创新必须摆在国家发展全局的核心位置，进一步明确了科技创新在国家发展全局中的战略支撑作用。

这一时期党中央领导集体围绕中国特色社会主义建设进行了全方位的开创探索、积极创新，始终能从国家战略高度把握创新发展方向，及时调整创新发展方针，中国特色社会主义创新发展取得显著成就，为新时代中国特色社会主义创新发展提供了重要理论资源和借鉴。在理论创新上，党的二十大报告把"十个明确""十四个坚持""十三个方面成就"概括为习近平新时代中国特色社会主义思想的主要内容，呈现了全面系统的理论形态，无疑是指导新时期中国特色社会主义发展的重要理论纲领，彰显了以习近平同志为核心的党中央的创新思维与创新态度。在制度创新上，党

---

① 江泽民：《论科学技术》，中央文献出版社2001年版，第55页。
② 江泽民：《论科学技术》，中央文献出版社2001年版，第164—165页。
③ 《胡锦涛文选》第2卷，人民出版社2016年版，第402页。

的十九届四中全会明确坚持和完善中国特色社会主义制度，推进国家治理
体系和治理能力现代化的重大意义和总体要求，聚焦坚持和完善支撑中国
特色社会主义制度的根本制度、基本制度、重要制度，安排了13个部分，
作出了具体工作部署，进一步增强了中国特色社会主义制度自信。在科技
创新上，习近平总书记强调要加快推动以科技创新为核心的全面创新，深
入推进创新驱动发展战略实施，鼓励制度创新与科技创新双轮驱动，取得
了一批具有国际影响力的科技成果，为中国科技赶超世界先进水平和经济
社会的全面进步厚实了科技根基，真正走出了一条具有中国特色的自主创
新发展道路。

二、习近平总书记关于创新重要论述的主要内容

习近平总书记关于创新重要论述的主要内容体现在：创新是引领发
展的第一动力，创新处在国家发展全局的核心位置，推进理论、制度、科
技、文化领域等全面创新，科技创新是创新的核心关键等重要方面，内涵
丰富、思想深邃，为新时代中国特色社会主义创新发展提供了根本遵循和
行动指南。

（一）创新是引领发展的第一动力

抓创新就是抓发展，谋创新就是谋未来。习近平总书记指出，"必须
把创新作为引领发展的第一动力，……把创新摆在国家发展全局的核心位
置，不断推进理论创新、制度创新、科技创新、文化创新等各方面创新，
让创新贯穿党和国家一切工作"[①]。

当前，我国经济发展已迈入新常态，如何提升经济新常态发展动力、
效能，实现可持续发展，是我们必须面对和解决的现实难题，而"发展动

---

① 《习近平谈治国理政》第2卷，外文出版社2017年版，第198页。

力决定发展速度、效能、可持续性"①。如果发展动力问题解决不好，就难以实现发展方式转变、效能转型升级，以及可持续健康发展。改革开放以来，我国依靠劳动力、土地、资源等生产要素驱动以及依靠投资引领的发展模式已达到一定发展限度，已难以契合经济高质量发展要求。要想解决深层次经济结构问题，突破经济发展瓶颈，增强经济发展动力，实现经济高质量发展，唯有依靠创新驱动，坚持创新是引领发展的第一动力，充分挖掘资源的"质"，最大优化资源配置，高效率整合资源，才能弥补资源"量"的有限性，最终全面提升经济新常态的发展动力、效能和可持续性。

"创新是引领发展的第一动力"的创新，旨在全面创新，涉及经济社会各个领域，其中科技创新是全面创新的核心，引领着其他领域的创新。纵观世界历史，历次工业革命的核心都是科技创新，每一次科技创新都对人类社会发展产生深远影响，每一次引领工业革命的国家都是通过科技创新实现的，从而为国家注入强劲的发展动力。因此，推进科技创新尤其是引领新一轮科技革命，掌握科技创新的制高点，是一个国家经济社会长远发展的动力源泉，其重要性不言而喻。习近平总书记提出"创新是引领发展的第一动力"，"是我们应对发展环境变化、增强发展动力、把握发展主动权，更好引领新常态的根本之策"②，是马克思主义生产力理论在新时代中国特色社会主义的最新表达，充分揭示了解放和发展生产力内含的创新意蕴，深化了创新与发展之间关系的思想认识。

（二）创新处在国家发展全局的核心位置

党的十八届五中全会明确提出"坚持创新发展，必须把创新摆在国家

---

① 《习近平谈治国理政》第2卷，外文出版社2017年版，第201页。

② 《习近平谈治国理政》第2卷，外文出版社2017年版，第201页。

发展全局的核心位置"①。党的二十大报告进一步强调，要坚持创新在我国现代化建设全局中的核心地位，因为"抓住了创新，就抓住了牵动经济社会发展全局的'牛鼻子'"②，这也是"创新是引领发展的第一动力"的内在要求。

改革与发展关乎经济社会发展全局，明确创新在改革发展中的定位，以创新推动改革发展，实现创新与改革发展之间的内在联动，是把创新摆在国家发展全局的核心位置的重中之重。就改革层面而言，改革主要涉及生产力与生产关系、经济基础与上层建筑不相适应的部分，使生产关系、上层建筑不断适应生产力和经济基础的发展诉求。因为一定历史时期的生产关系只能适应一定时期的生产力需求，滞后或超前的生产关系都会阻碍生产力发展。当新的生产关系完全代替旧的生产关系，意味着经济社会发展已迈入新的台阶，生产力与生产关系又走向了基本相适应。这就需要我们不断探索契合生产力发展的新的生产关系，建立科学系统且行之有效的新的制度体系，以充分激发改革内在活力，增进改革效益。就发展层面而言，高质量发展相对依靠劳动力、土地、资源等粗放式发展模式，是一种从低端到高端、从无到有的"质"的发展模式跃迁，它主要着力发展方式、发展动力、发展效能的转型升级，而这一转型升级需要把发展基点落实在创新上，需要塑造更多依靠创新驱动、更多发挥先发优势来实现，更为关键的是需要充分把握科学技术的生产力属性，通过科技创新以实现发展方式、动力、效能"质"的提升，最终实现我国经济社会高质量发展。

（三）推进理论、制度、科技、文化等领域全面创新

理论创新是"风向标"，为创新发展明确方向指南。理论创新旨在研

---

① 《中国共产党第十八届中央委员会第五次全体会议文件汇编》，人民出版社2015年版，第7页。
② 《习近平谈治国理政》第2卷，外文出版社2017年版，第201页。

究发展中出现的新问题、新情况，通过经验总结和事实判断，在把握社会发展本质规律的前提下，对既有理论加以扬弃突破，以形成新的符合发展需要的理论解答，从而引领新的社会变革，为更深层次地解决发展问题打好思想基础。党的十八大以来，以习近平同志为核心的党中央具有高度的理论自觉，围绕治国理政展开了一系列理论思考，在回答新时代"坚持和发展什么样的中国特色社会主义、怎样坚持和发展中国特色社会主义"重大课题上，形成了习近平新时代中国特色社会主义思想。党的十九大报告把习近平新时代中国特色社会主义思想写入党章，党的二十大报告把"十个明确""十四个坚持""十三个方面成就"概括为习近平新时代中国特色社会主义思想的主要内容，呈现了丰富而完整的理论形态。在推进理论创新上，首先要解放思想。不解放思想就无法突破思想藩篱、打破思想束缚，也就无从谈起理论创新，因为"没有解放思想，我们党就不可能在实践中不断推进理论创新和实践创新，……始终走在时代前列"①。其次要坚持问题导向。习近平总书记指出："理论创新只能从问题开始。从某种意义上说，理论创新的过程就是发现问题、筛选问题、研究问题、解决问题的过程。"②最后要坚持理论与实践相结合。实践发展无止境，思想认识、理论创新也无止境，源于实践发展的理论创新才能更好指导实践，才能"不断开辟21世纪马克思主义发展新境界，让当代中国马克思主义放射出更加灿烂的真理光芒"③。

制度创新是"奠基石"，为创新发展提供制度保障。制度创新旨在通过制度设计和安排，破除阻碍创新发展的制度桎梏，构建创新发展的良好制度生态，为创新发展夯实制度支撑。加强制度建设是保证一个国家平稳

---

① 《习近平谈治国理政》第1卷，外文出版社2018年版，第92页。

② 《习近平谈治国理政》第2卷，外文出版社2017年版，第342页。

③ 《习近平谈治国理政》第2卷，外文出版社2017年版，第34页。

运转的根本之策，但制度不是永恒固定的存在，当制度所规范的对象发生大的改变，必将逐渐突破现存制度所能容纳的最大限度，势必呼吁新的制度以满足发展需要。党的十八大以来，以习近平同志为核心的党中央着眼社会主要矛盾的变化，为应对新时代中国特色社会主义发展面临的风险挑战，不断推进制度创新，激发了整个社会的发展创新活力。在党的十九届四中全会上，习近平总书记围绕"坚持和巩固什么、完善和发展什么"的重大课题，深刻阐明了我国的根本制度、基本制度、重要制度的地位、作用及其相互关系，具体而言，包括党的领导制度体系、中国特色社会主义法治体系、中国特色社会主义行政体制、社会主义基本经济制度、社会主义先进文化制度、统筹城乡的民生保障制度、生态文明制度体系、"一国两制"制度体系以及党和国家的监督体制等等，作出了详细的部署。

科技创新是"原动力"，为创新发展注入强劲动力。"进入21世纪以来，……科学技术从来没有像今天这样深刻影响着国家前途命运，从来没有像今天这样深刻影响着人民生活福祉。"[1]推动我国经济社会高质量发展，实现发展动力转型升级，打造经济发展新引擎，开拓经济增长新空间，都需通过科技创新来实现。面对不平衡不充分发展现状，通过科技创新才能充分激活发展潜能，实现资源高效整合利用，持续优化资源配置供给。在此基础上，不断缩小区域差距、城乡差距、行业差距、阶层差距，逐渐消除经济发展与社会发展、物质发展与精神发展的不平衡现象。在生态文明建设上，"要摒弃损害甚至破坏生态环境的发展模式，摒弃以牺牲环境换取一时发展的短视做法。大力推进经济、能源、产业结构转

---

① 《习近平谈治国理政》第3卷，外文出版社2020年版，第245—246页。

型升级"①。在民生保障上，通过科技创新构筑起低成本、广覆盖、高质量的公共服务体系，增加公共科技供给，提升公共科技供给质量，实现优质医疗、教育、住房等公共资源普惠共享。因此，把科技创新作为"原动力"，关键在推动以科技创新为核心的全面创新，只有以科技创新为核心推动经济社会全方位创新，才能提升我国综合创新实力，不断满足人民的美好生活期待，增进人民福祉。

文化创新是"软实力"，为创新发展提振精神力量。文化兴则国家兴，文化强则国家强。习近平总书记历来重视文化创新对国家、民族、经济社会发展的推动作用，指出"文化是民族生存和发展的重要力量"②，这种力量主要体现在文化创新能够增强民族生命力、创造力、凝聚力，为经济社会发展提供智力支撑和动力支持。中华民族之所以始终得以维持顽强的生命力，根本原因就在于我们具有源远流长、博大精深的优秀文化，始终能与时俱进地创新文化，使之不断契合新的发展需求，为国家民族发展提供源源不断的精神力量。一定的社会历史条件催生一定的文化，随着社会历史条件的变化和实践发展需要，文化也要随之相应地革新，进而才能转化为维系民族生存发展的精神纽带，增强人们对国家民族的认同感和归属感。在推进文化创新上，习近平总书记反复强调，文化创新要"坚持古为今用、推陈出新，结合新的实践和时代要求进行正确取舍，而不能一股脑儿都拿到今天来照套照用。……努力实现传统文化的创造性转化、创新性发展，使之与现实文化相融相通，共同服务以文化人的时代任务"③。在此基础上，习近平总书记提出"第二个结合"伟大论断，这就

---

① 《习近平出席领导人气候峰会并发表重要讲话 强调要坚持绿色发展，坚持多边主义，坚持共同但有区别的责任原则，共同构建人与自然生命共同体》，《人民日报》2021年4月23日。

② 习近平：《在文艺工作座谈会上的讲话》，人民出版社2015年版，第2页。

③ 《习近平谈治国理政》第2卷，外文出版社2017年版，第313页。

需要我们站在马克思主义立场,坚定历史自信,主动挖掘中华文化的优秀部分,进行新的时代表达,为新时代中国特色社会主义创新发展提振精神力量。

(四)科技创新是创新的核心关键

党的二十大报告指出,要"以国家战略需求为导向,集聚力量进行原创性引领性科技攻关,坚决打赢关键核心技术攻坚战"①,加快实现高水平科技自立自强。当前,"全球科技创新进入空前密集活跃的时期,新一轮科技革命和产业变革正在重构全球创新版图、重塑全球经济结构"②。国际竞争实质是科技创新实力的竞争,唯有提升自主创新能力,增强国家科技创新实力,才能在激烈的国际竞争中占领全球科技创新制高点。

科技立则民族立,科技强则国家强。把科技创新作为全面创新的核心关键,必须集中一切力量攻克关键核心技术,坚决打赢关键核心技术攻坚战。习近平总书记指出:"只有把核心技术掌握在自己手中,才能真正掌握竞争和发展的主动权,才能从根本上保障国家经济安全、国防安全和其他安全。"③关键核心技术是引进不来的、买不来的、讨不到的,各个国家的核心技术也绝不会拱手相让。打赢关键核心技术攻坚战要坚持问题导向,奔着最紧急、最紧迫的问题去,要在石油天然气、基础原材料、高端芯片、工业软件、科学仪器设备等方面全力攻坚,要加快突破一批药品、医疗器械、医用设备、疫苗等领域关键核心技术,要瞄准"人工智能、量子信息、集成电路、先进制造、生命健康、脑科学、生物育种、空天科技、深地深海等前沿领域"④。只有将这些战略性、关键性领域的核心技

---

① 习近平:《高举中国特色社会主义伟大旗帜 为全面建设社会主义现代化国家而团结奋斗——在中国共产党第二十次全国代表大会上的报告》,人民出版社2022年版,第35页。
② 《习近平谈治国理政》第3卷,外文出版社2020年版,第245页。
③ 《习近平关于科技创新论述摘编》,中央文献出版社2016年版,第36页。
④ 《习近平谈治国理政》第4卷,外文出版社2022年版,第198页。

术攻关摆在更加突出的位置，打破这些战略性、关键性领域核心技术受制于人的局面，才能快速提升国家科技创新实力，才能为国家独立、自主、安全发展夯实科技根基。

习近平总书记关于创新的重要论述是在继承发展马克思主义经典作家创新思想和赓续推进历届党中央领导集体的创新思想中生成的，这一重要论述具有鲜明的问题导向意识，涉猎的领域十分广泛，贯穿经济社会发展各个方面，呈现了一幅内外联动、辩证统一的新时代中国特色社会主义创新发展蓝图。

三、习近平总书记关于创新重要论述的时代意义

党的十八大以来，以习近平同志为核心的党中央固本培元、继往开来，就新时代中国特色社会主义创新发展提出了一系列新思想新观点新论断，形成了习近平总书记关于创新的重要论述。这一重要论述是新时代党谋划创新工作的又一次与时俱进，丰富发展了马克思主义创新思想，为新时代中国特色社会主义创新发展提供了行动指南，也为加快创新型强国建设以融入全球创新网络提供了实践进路。

（一）丰富发展了马克思主义创新思想

习近平总书记关于创新的重要论述丰富发展了马克思主义创新思想，主要体现在：一是深化了创新与生产力的关系。习近平总书记提出"创新是引领发展的第一动力"，强调"创新必须落实到创造新的增长点上，把创新成果变成实实在在的产业活动"，[①]这不仅进一步阐明了创新的生产力属性，还一定程度上拓展了社会主义本质理论，尤其是关于解放和发展生产力的相关内容。二是强调创新是一个复杂的系统工程。习近平总书记

---

① 《习近平关于科技创新论述摘编》，中央文献出版社2016年版，第6页。

指出，创新是一个系统工程，涉及理论、制度、科技、文化等经济社会各
个领域。坚持创新发展，必须全面部署，既要坚持全面系统的观点，又要
抓住关键，以重要领域和关键环节的突破带动全局创新发展。三是强调科
技创新的关键核心地位。习近平总书记指出，科技创新已成为国际战略博
弈的主战场，要加强原创性、引领性科技攻关，尤其是"卡脖子"领域
的科技攻关，要以重大科技创新为引领，实现科技创新成果高效转化，
加快建立现代化经济体系，以提高我国经济整体素质和国际竞争力。四是
强调科技创新与制度创新"双轮驱动"。习近平总书记就党中央对科技工
作统一领导机制、科技创新评价机制、科技创新管理机制、科技创新保障
机制、科技人才培养机制等方面进行了详细工作部署。以科技创新深化制
度创新，以制度创新保障科技创新，才能发挥科技创新与制度创新相互促
进、互为支撑的协同效力。不言自明，习近平总书记关于创新的重要论述
是马克思主义创新思想中国化时代化的最新成果，对马克思主义创新思想
作出了重大原创性贡献。

（二）为新时代中国特色社会主义创新发展提供了行动指南

习近平总书记关于创新的重要论述是习近平新时代中国特色社会主
义思想的重要组成部分，为新时代中国特色社会主义创新发展提供了行动
指南。"创新是引领发展的第一动力"阐明了创新对生产力的驱动作用，
是我国经济社会发展迈入新常态之际，实现发展方式、发展动力转型升级
的根本之策。把创新摆在国家发展全局的核心位置，突显了创新是经济社
会发展全局的"引擎器"，是实现我国经济社会高质量发展的重要抓手。
推进理论、制度、科技、文化等领域的全面创新旨在强调创新是一个系统
工程，要坚持系统思维，全面部署创新工作，推动经济社会全方位创新。
科技创新是创新的核心和关键，需要全力开展关键核心技术攻坚战，打破
核心技术受制于人局面，加快实现高水平科技自立自强，提升国家科技创

新竞争力。党的二十大报告将这些方面进一步具体细化："坚持面向世界科技前沿、面向经济主战场、面向国家重大需求、面向人民生命健康，加快实现高水平科技自立自强。以国家战略需求为导向，集聚力量进行原创性引领性科技攻关，坚决打赢关键核心技术攻坚战。加快实施一批具有战略性全局性前瞻性的国家重大科技项目，增强自主创新能力。加强基础研究，突出原创，鼓励自由探索。提升科技投入效能，深化财政科技经费分配使用机制改革，激发创新活力。加强企业主导的产学研深度融合，强化目标导向，提高科技成果转化和产业化水平。强化企业科技创新主体地位，发挥科技型骨干企业引领支撑作用，营造有利于科技型中小微企业成长的良好环境，推动创新链产业链资金链人才链深度融合。"①

（三）为加快创新型强国建设以融入全球创新网络提供了实践进路

当今世界，国际竞争新优势越发体现在创新能力上，世界各国纷纷制定新的创新发展战略，围绕全球战略性创新资源的争夺日趋激烈，谁能在创新发展上先行一步，谁就能站稳创新发展的制高点，拥有创新发展的主导权。党的十九大明确我国到2035年跻身创新型国家前列的战略目标，历经多年改革创新，我国整体创新实力大幅提升，但也要看到，我国在原始创新能力、创新体系整体效能、科技创新资源整合、科技创新力量布局等方面仍存在难点痛点，通过创新引领和驱动发展已成为我国发展的迫切要求。习近平总书记反复强调，要加快推动以科技创新为核心的全面创新，将创新贯穿经济社会各个领域，推动社会全方位创新，以更加积极主动的姿态融入全球创新网络。具体而言，"要坚持以全球视野谋划和推动科技创新，全方位加强国际科技创新合作，积极主动融入全球科技创新网络，提高国家科技计划对外开放水平，积极参与和主导国际大科学计划和工

---

① 习近平：《高举中国特色社会主义伟大旗帜　为全面建设社会主义现代化国家而团结奋斗——在中国共产党第二十次全国代表大会上的报告》，人民出版社2022年版，第35—36页。

程，鼓励我国科学家发起和组织国际科技合作计划。要把'一带一路'建成创新之路，合作建设面向沿线国家的科技创新联盟和科技创新基地，为各国共同发展创造机遇和平台。要最大限度用好全球创新资源，全面提升我国在全球创新格局中的位势，提高我国在全球科技治理中的影响力和规则制定能力。"①

总的来说，习近平总书记关于创新的重要论述真切回答了新时代中国共产党"实现什么样的创新发展，怎样实现创新发展""建设什么样的创新型国家，怎样建设创新型国家"的重大课题，内涵丰富、思想深邃、立意高远。

▼ 第二节 新时代创新发展中的广东成就

习近平总书记指出："广东是改革开放的排头兵、先行地、实验区，在我国改革开放和社会主义现代化建设大局中具有十分重要的地位和作用。"②党的十八大以来，广东坚持创新在现代化建设的核心地位，坚持以习近平新时代中国特色社会主义思想为指导，深入贯彻落实习近平总书记对创新和广东工作重要指示精神，奋力走在中国式现代化建设的前列，推动全省创新实现跨越式发展，区域创新综合能力全国领跑，企业自主创新能力显著增强，关键核心技术攻关突破明显，创新人才高地建设持续推进，在新时代创新发展中取得了显著成就。

---

① 《习近平谈治国理政》第3卷，外文出版社2020年版，第252—253页。
② 《习近平李克强栗战书汪洋王沪宁赵乐际韩正分别参加全国人大会议一些代表团审议》，《人民日报》2018年3月8日。

一、区域创新综合能力全国领跑

党的十八大以来，广东深入实施创新驱动发展战略，不断塑造发展新动能新优势，努力建设具有全球影响力的科技和产业创新高地，区域创新综合能力全国领跑，具体表现为：第一，区域创新综合实力持续攀升。据中国科学院大学中国创新创业管理研究中心发布的中国区域创新能力评价报告，2017年，广东省区域创新综合实力首次超越江苏，跃居全国首位。截至2022年底，广东区域创新综合实力已连续6年稳居全国第1，研发投入、研发人员数量、高新技术企业数量、发明专利有效量、PCT国际专利申请量等均领跑全国。值得注意的是，浙江创新发展势头上升，首次超过上海，排名全国第4。[①]据广东省创新能力综合指标的排名情况，2017年伊始，广东在"企业创新""创新绩效"两项指标中连续6年排名全国第1；在"创新环境"方面，2020年排名全国第2，其余5年皆排名全国第1；在"知识创造""知识获取"方面，自2020年伊始，截至2022年底，两项指标稳居全国第2。[②]广东在"知识创造""知识获取"方面存在进一步创新上升空间。

第二，全省研发投入稳居全国前列。据《2022年全国科技经费投入统计公报》数据，2022年，广东全省研发经费（R&D经费）投入总计4411.9亿元，同比增长10.2%，位居全国第1，约占全国研发经费总计的14.3%；江苏省以3835.4亿元排名全国第2，北京以2843.3亿元排名全国第3，[③]广东研发经费优势明显。据《2023年广东省第十四届人大一次会议政府工作报告》数据，2022年，广东全省研发经费（R&D经费）投入总计约4200亿

---

① 参见《中国区域创新能力评价报告·2022》，科学技术文献出版社2022年版，第4页。

② 参见《中国区域创新能力评价报告·2022》，科学技术文献出版社2022年版，第7页。

③ 参见《2022年全国科技经费投入统计公报》，2023年9月18日。

元。①两个数据统计口径略有差异。2021年，广东全社会基础研究经费投入达274.2亿元，比上年增加约34.3%，占全社会研发投入比重为6.9%，同比增长1.0%。2022年，广东全社会基础研究经费数据，以及占全社会研发投入比重数据暂缺。力争到2025年，全社会基础研究经费投入占研发经费比重达10%。②

第三，全球顶尖科技集群位居全国首位。据世界知识产权组织发布的《2023年全球创新指数报告》，2023年，在全球百强科技集群中，中国首次以24个集群排名全球第1，超过美国21个集群。其中，深圳—香港—广州（中国）科技集群连续4年稳居全球第2，排名中国第1。值得注意的是，上海—苏州（中国）科技集群实力不断攀升，排名超过圣何塞—旧金山（美国）科技集群，一跃成立全球第5。③

二、企业自主创新能力显著增强

企业是经济活动的主体，也是创新活动的主体。习近平总书记指出："企业是创新的主体，是推动创新创造的生力军。"④"要增强企业创新动力，正向激励企业创新，反向倒逼企业创新。"⑤党的十八大以来，广东坚决落实企业创新主体地位，充分释放企业"出题者"作用，以企业牵头，整合集聚创新资源，致力于提高企业创新成果转化和产业化水平，企业自主技术攻关能力持续提升。

第一，企业创新主体地位日益突显。2022年，广东入库科技型中小企

---

① 参见《2023年广东省第十四届人大一次会议政府工作报告》，广东省人民政府网2023年1月18日。

② 数据来源：《广东省科技创新"十四五"规划》，广东省人民政府网2021年9月22日。

③ 参见《2023年全球创新指数报告》，2023年9月27日。

④ 《习近平谈治国理政》第3卷，外文出版社2020年版，第251页。

⑤ 《习近平谈治国理政》第4卷，外文出版社2022年版，第198页。

业达6.65万家，同比增长17.6%，连续4年实现增长，约占全国的17.2%，居全国第2。[①]截至2022年底，广东培育了20个高起点战略性产业集群，形成新一代电子信息、绿色石化、智能家电、先进材料、现代轻工纺织、软件与信息服务、现代农业与食品、汽车等8个万亿元级产业集群。规模以上工业企业达6.7万家，五年增加2万家，高新技术企业达6.9万家，连续7年稳居全国第一。[②]创新型领军企业是检验一个省创新实力的标尺，创新型领军企业发挥着市场需求、集成创新、组织平台的引领性优势，能够辐射带动中小企业创新发展。习近平总书记指出："要推动企业成为技术创新决策、研发投入、科研组织和成果转化的主体，培育一批核心技术能力突出、集成创新能力强的创新型领军企业。"[③]党的十八大以来，广东着力培育创新型领军企业，在政策资源、要素投入、资金保障、服务监管等方面给予创新型领军企业大力支持。据2023年《财富》世界500强榜单，广东有南方电网、广汽集团、中国电子信息产业集团、立讯精密等19家企业上榜世界500强，涌现了如华为、比亚迪、美的集团等具有全球竞争力的创新型领军企业。其中，华为在世界500强排名111，比亚迪排名212，美的集团排名218。值得注意的是，2022年，比亚迪股份有限公司首次进入世界500强企业名单，排名436；2023年，比亚迪股份有限公司名次大幅度上升，排名212，[④]创新实力不容小觑。

第二，企业自主技术攻关能力持续提升。增强自主技术攻关能力，是一个企业长远稳定发展的根本之策。习近平总书记指出："要发挥市场对技术研发方向、路线选择、要素价格、各类创新要素配置的导向作用，让

---

① 数据来源：《广东发展蓝皮书：广东发展报告（2023）》，社会科学文献出版社2023年版。

② 参见《2023年广东省第十四届人大一次会议政府工作报告》，2023年1月18日。

③ 《习近平谈治国理政》第3卷，外文出版社2020年版，第251页。

④ 参见《2023年〈财富〉世界500强排行榜》，2023年8月2日。

市场真正在创新资源配置中起决定性作用。"①近年来,广东持续深入实施高新技术企业树标提质行动,以市场为导向,引导人才、技术、数据、资金等创新要素向技术型企业集聚,激发企业创新意识,释放企业创新活力,育成了一大批具有全球竞争力的拥有自主核心技术的创新型企业。据《2022版欧盟工业研发投资记分牌》报告,进入全球研发2500强前10家中国企业有3家广东企业,分别为华为、腾讯、中兴通讯,华为排名全球第4,腾讯排名全球第18,中兴通讯排名全球第70。②此外,据胡润百富的《2023全球独角兽榜》,截至2023年4月,中国独角兽企业总计316家。从地区来看,深圳有33家企业上榜,广州有22家企业上榜,值得一提的是,广州是过去一年独角兽增量最大的中国城市。在中国十大独角兽企业中,广东占据5家;在全球独角兽企业百强名单中,广东占据8家,③OPPO(OPPO广东移动通信有限公司)、VIVO(维沃)均首次进入榜单,广东企业自主技术攻关能力持续提升。

三、关键核心技术攻关突破明显

实现关键核心技术攻关突破,重点在加强原创性、引领性科技攻关,要以国家经济社会发展和国家安全为抓手,尤其要在"卡脖子"领域狠下功夫,打破关键核心技术受制于人的局面。习近平总书记反复强调,我们要"努力实现关键核心技术自主可控,把创新主动权、发展主动权牢牢掌握在自己手中"④。近年来,广东积极探索关键核心技术攻关"广东路径",基础研究能力不断强化,战略科技力量布局不断优化。2020年

---

① 《习近平谈治国理政》第3卷,外文出版社2020年版,第251页。
② 参见《2022年欧盟工业研发投资记分牌》,2022年12月13日。
③ 参见《胡润百富〈2023全球独角兽榜〉》,2023年4月18日。
④ 《习近平谈治国理政》第3卷,外文出版社2020年版,第248页。

伊始，实施"广东强芯"计划，如广州粤芯、国产8K技术标准媒体终端芯片、首款双核深度计算SOC芯片等，关键核心技术攻关取得重大突破。2023年，建成20个战略性产业集群、8个万亿元级产业集群，战略性产业关键核心技术攻关成绩斐然。

第一，基础研究迈入国内第一方阵。基础研究是实现关键核心技术突破的重中之重，目前，我国基础研究领域尚存在一定痛点难点，重大原创性成果亟须突破，底层基础技术、基础工艺能力尚有较大提升空间，鉴于此，习近平总书记强调，"加强基础研究是科技自立自强的必然要求，是我们从未知到已知、从不确定性到确定性的必然选择。要加快制定基础研究十年行动方案。……要加大基础研究财政投入力度"[1]。近年来，广东不断加大基础研究经费投入，"十四五"期间，广东进一步统筹谋划、整体布局基础研究工作，推进实施基础与应用基础研究十年"卓粤"计划，[2]将1/3以上的省级科技创新战略专项资金投入基础研究。根据2021年《广东省科技经费投入公报》，广东基础研究经费投入总计274.2亿元，占全社会研发投入比重达6.9%。截至2021年底，高价值发明专利量占全国总量的19.78%，居全国第1。[3]据世界知识产权组织《2023年PCT年鉴》，2022年，中国电信巨头华为技术有限公司连续6年领跑PCT申请人排名榜，已公布7689件PCT申请，遥遥领先韩国三星电子4387件和美国高通公司3855件。中国深圳先进技术研究院以486件PCT申请位列政府和公共研究机构申请人之首，领先德国的弗劳恩霍夫应用研究促进协会366件PCT申请。

---

① 《习近平谈治国理政》第4卷，外文出版社2022年版，第197—198页。

② 该计划目标是到2025年，全社会基础研究经费投入占全社会研发投入比重达到10%，到2030年达到13%左右。

③ 数据来源：《广东蓝皮书：广东经济社会形势分析与预测（2023）》，社会科学文献出版社2023年版。

深圳—香港—广州（中国）稳居全球第二大PCT科技集群。[①]

第二，战略科技力量进一步强化。实验室、科研院所、研究型高校、科技型领军企业等都是战略科技力量的重要组成部分。近年来，广东紧跟世界科技发展大势和国家科技发展需求，致力本省科技发展的具体使命和任务，加快构建省实验室体系，目前，省实验室体系建设基本成型。初步建成以2家国家实验室为引领，以10家省实验室、30家国家重点实验室、460家省重点实验室、20家粤港澳联合实验室、4家"一带一路"联合实验室、18家高级别生物安全实验室、27个野外科学观测研究站等组成的高水平、多层次、宽领域省实验室体系，[②]力争到2025年建成50家国家重点实验室，建成40家左右的粤港澳联合实验室。[③]截至2022年底，散裂中子源一期、超算中心、国家基因库等基础设施运行顺利，惠州强流重离子加速器、江门中微子实验站等一批重大科学装置建设加速推进，散裂中子源二期、先进阿秒激光、冷泉生态系统、人类细胞谱系、鹏城云脑5个重大科技基础设施集群正式推进，国家新型显示技术创新中心、第三代半导体技术创新中心获批建设，智能科学与技术研究院、新材料技术研究院、中国检验检疫科学研究院粤港澳大湾区研究院、新黄埔中医药联合创新研究院4家高水平创新研究院已落地建设。

四、创新人才高地建设持续推进

创新之道，唯在得人。习近平总书记指出："功以才成，业由才广。世上一切事物中人是最可宝贵的，一切创新成果都是人做出来的。硬实

---

① 参见世界知识产权组织：《2023年PCT年鉴》，2023年。
② 数据来源：《广东科技年鉴·2022》，广东人民出版社2023年版。
③ 参见《广东省科技创新"十四五"规划》，2021年9月22日。

力、软实力，归根到底要靠人才实力。"①2021年伊始，广东部署实施人才强省建设"五大工程"，即战略人才锻造工程、人才培养强基工程、人才引进提质工程、人才体制改革工程、人才生态优化工程。迈入新征程之际，广东以粤港澳大湾区高水平人才高地建设为牵引，深入推进实施人才强省建设"五大工程"，精准发力，奋力开创新时代人才强省建设新局面。截至2022年底，广东研发人员数量达130万人，位居全国第1，全职在粤工作两院院士达135人。②力争到 2025 年，全职在粤的两院院士、发达国家院士和顶尖人才超过 160 人。③

第一，研究型高校提供人才高地培养皿。广东坚决贯彻落实党中央"双一流"高校战略决策，实施高等教育内涵建设工程，并引进香港科技大学、香港城市大学等一批港澳高水平大学在粤合作办学，全省高校研究实力显著提升。截至2022年底，广东有8所高校入选国家"双一流"高校建设行列，130个学科入围ESI全球排名前1%。2021—2023年，广东将新建或已建成一大批研究型高校，比如，2021年底香港科技大学（广州）已启动招生，2021年中山科技大学已完成一期建设，2022年深圳海洋大学已开始招生，2023年香港城市大学（东莞）一期建设正式竣工，2023年已完成中国科学院大学广州学院一期建设，等等，为创新人才高地建设持续注入新活力。

第二，创新体制机制优化人才高地环境。近年来，广东先后制定实施了《广东省自主创新促进条例》《广东省促进科技成果转化条例》《广东省知识产权保护条例》等一批条例法规，加快制定了科技体制改革三年攻坚方案，启动16项科技体制改革重点任务、5项省财政科研经费使用管理

---

① 《习近平谈治国理政》第3卷，外文出版社2020年版，第253页。
② 参见《2023年广东省第十四届人大一次会议政府工作报告》，2023年1月18日。
③ 参见《广东省科技创新"十四五"规划》，2021年9月22日。

条例。[①]2020年伊始，广东已在科研诚信、科研奖励、人才职称、人才保障等方面制定了一系列政策文件，比如，2022年3月判定了《广东省基础与应用基础研究十年"卓粤"计划（公开征求意见稿）》；2022年4月判定了《关于改革完善省级财政科研经费使用管理的实施意见》；2022年6月判定了《关于减轻科研人员负担　激发创新活力的若干措施》和《广东省深化实验技术人才职称制度改革的实施方案》；等等。在此基础上，持续推进"负面清单+包干制"改革，推动建立鼓励创新、宽容失败的尽职免责机制，赋予科研人员更大的技术路线决定权和经费使用权，为创新人才高地建设提供了体制机制支撑。

第三，高水平创新平台释放人才高地空间。广东实施创新驱动发展战略以来，始终注重创新平台以及高水平创新平台建设。新征程之际，广东珠海横琴、深圳前海和河套、广州南沙四大创新合作平台正积极推进。横琴已布局科技企业孵化器、新型研发机构等创新平台26家，集成电路企业超过30家。香港城市大学–深圳前海太赫兹及毫米波创新研究院、香港大学前海智慧交通研究院已落地建设，集聚工程中心、工程实验室等创新平台79家。南沙正有序推进南方海洋科学与工程广东省实验室（广州）等创新平台128家。在此基础上，广东进一步加强与创新型国家以及"一带一路"周边国家的科技交流合作，设立对外科技合作专项平台，国际科技合作进一步拓展，已新建10个省级国际科技合作基地。[②]总的来说，广东已构筑起含有实验室、新型研发机构、高水平创新研究院、技术创新中心、重大科技基础设施集群、工程技术研究中心、人工智能创新平台等重大创

---

① 数据来源：《广东发展蓝皮书：广东发展报告（2023）》，社会科学文献出版社2023年版。

② 数据来源：《广东发展蓝皮书：广东发展报告（2023）》，社会科学文献出版社2023年版。

新平台协同体系，并率先采用"全国申报、广东承接"模式，面向全国征集团队来粤开展核心技术攻关，引进培育了一大批战略科技人才、科技领军人才、青年科技人才和高水平创新团队。在核心技术攻关项目布局上，已布局9批598个项目，院士牵头项目27个，45岁以下中青年科学家牵头项目339个，带动集聚超过6000名高层次人才进行重点攻关，[①]为科技人才提供了多层次、宽领域的成长场地和创新空间。

▼ 第三节　把广东科技创新作为重中之重

科技创新已成为衡量国家综合实力和推动经济社会发展关键因素，国际竞争实质是以科技创新和科学技术为核心的竞争。习近平总书记指出，"科技创新作为提高社会生产力、提升国际竞争力、增强综合国力、保障国家安全的战略支撑，必须摆在国家发展全局的核心位置"[②]，"实施创新驱动发展战略，就是要推动以科技创新为核心的全面创新。"[③]创新是广东最具标识的发展动力之一，是必须始终牢牢抓住、不断巩固发展的最关键优势。在全面建设社会主义现代化国家开局起步的关键时刻，广东要进一步明晰所处的历史方位，坚决摒弃守的心态、振奋创的精神，把科技创新作为重中之重，立足双区驱动整体布局，打造创新科学集聚中心，明确企业创新主体地位，持续推进人才高地建设，贯彻落实创新发展理念，为更高水平的科技创新强省建设，在中国式现代化新征程中走在全国前列提供更坚实的原动力。

---

① 　数据来源：《广东蓝皮书：广东经济社会形势分析与预测（2023）》，社会科学文献出版社2023年版。

② 　《习近平关于科技创新论述摘编》，中央文献出版社2016年版，第30页。

③ 　《习近平关于科技创新论述摘编》，中央文献出版社2016年版，第17页。

一、立足双区驱动整体布局，释放科技创新区域优势

2019年8月9日，中共中央、国务院颁布《关于支持深圳建设中国特色社会主义先行示范区的意见》，支持深圳高举新时代改革开放旗帜、建设中国特色社会主义先行示范区。2023年4月10日至13日，习近平总书记在广东考察时强调："粤港澳大湾区在全国新发展格局中具有重要战略地位。广东要认真贯彻党中央决策部署，把粤港澳大湾区建设作为广东深化改革开放的大机遇、大文章抓紧做实，摆在重中之重，以珠三角为主阵地，举全省之力办好这件大事。"①正值中国式现代化建设迈入新征程之际，广东要紧抓粤港澳大湾区和深圳中国特色社会主义先行示范区建设重大机遇，发挥"双区驱动"合力效应，释放科技创新区域优势，助力科技创新乘势而上再创新辉煌。

第一，以粤港澳大湾区为引领，纵深推进粤港澳大湾区建设。粤港澳大湾区承载国家战略目标，要明确大湾区战略定位，全力建设大湾区国际科技创新中心，深入推进横琴、前海、南沙三大合作平台，加速河套深港科技创新合作区落地，进一步打造"广州—深圳—香港—澳门"高质量科技创新走廊。持续优化大湾区科技合作机制，消除科技创新要素流通壁垒，实现科技创新要素畅通共享，打造大湾区开放融通、多元融合、高效联动的协同创新体系。联合港澳共建共享创新资源，推动更多粤港澳联合实验室落地，推动重大科技基础设施粤港澳三地协作，构筑世界一流重大科技基础设施集群，持续提升国际创新集聚能力，"使粤港澳大湾区成为新发展格局的战略支点、高质量发展的示范地、中国式现代化的引领地"②。

---

① 《坚定不移全面深化改革扩大高水平对外开放　在推进中国式现代化建设中走在前列》，《人民日报》2023年4月14日。

② 《坚定不移全面深化改革扩大高水平对外开放　在推进中国式现代化建设中走在前列》，《人民日报》2023年4月14日。

第二，以深圳先行示范区为支撑，扎实推进深圳先行示范区建设。抓住先行示范区试点契机，全面推进前海合作区建设，加速河套合作区规划落地，联合香港共建国际一流科研平台，集聚国际高端创新要素资源，携手共创科技创新合作新标杆新高地。联合光明科学城、松山湖科学城、南沙科学城着力推进综合性国家科学中心建设，推动综合性国家科学中心建立成势，育成世界一流创新载体和顶尖科创中心。推动高水平研究型高校建设，推进深港深澳高校合作计划，引进港澳知名高校、重点科研所、创新研究院在深落地，共同承担国内外大科学计划和大科学工程，提升先行示范区科技创新能力，增强科技创新服务效能。

第三，实施"双区"建设联动布局，释放"双区驱动"合力效应。统筹谋划粤港澳大湾区建设，引领先行示范区融入粤港澳大湾区战略布局。扎实推进先行示范区建设，为粤港澳大湾区战略布局提供有力支撑。系统布局大湾区国际科技创新中心和综合性国家科学中心，促成大湾区国际科技创新中心和综合性国家科学中心内外联动、高效互通，实现高水平建设、高质量发展，建成世界一流科研平台，打造世界级科研枢纽，辐射带动广东全域科技创新，实现广东全域科技创新质的提升，为广东现代化建设持续提供高质量的科技供给。

二、打造创新科学集聚中心，强化科技创新战略支撑

世界科技强国竞争，比拼的是国家战略科技力量。习近平总书记指出："中国要强盛、要复兴，就一定要大力发展科学技术，努力成为世界主要科学中心和创新高地。"[1]广东要对标全球主要科创中心和创新高地，深入推进大湾区国际科技创新中心和综合性国家科学中心建设，打造

---

[1] 《习近平谈治国理政》第3卷，外文出版社2020年版，第246页。

高标准创新科学集聚中心。加大社会基础研究经费投入，提升基础和应用基础研究能力，推动更多高水平实验室在粤落地，构建高水平多层次实验室体系，加强重大科技基础设施建设，发挥重大科技基础设施集群效应，强化科技创新战略支撑，为提升国家战略科技力量强势助力。

第一，加大社会基础研究经费投入，提升基础和应用基础研究能力。习近平总书记指出，"基础研究是整个科学体系的源头。要瞄准世界科技前沿、抓住大趋势，下好'先手棋'，……实现前瞻性基础研究、引领性原创成果重大突破"[①]。广东要深入推进基础与应用基础研究"卓粤"行动计划，充分发挥省级基础研究经费引领作用，将省级科创专项资金向基础研究领域倾斜，尤其是对前沿技术和颠覆性技术研究领域倾斜，实现更多"从0到1"的原始成果突破，提升原始创新能力。创新基础研究经费机制，健全政府投入为主、社会和企业投入为辅的协同机制，建立政府稳定支持、企业高效协同、社会资本广泛参与的经费保障机制。建立健全基础研究经费监督机制，及时跟踪解决基础研究经费的贯彻落实、体制干扰、使用不当等现象，提升基础研究机制服务效能。

第二，推动更多高水平实验室在粤落地，构建高水平多层次实验室体系。进一步加强省实验室体系系统布局，谋划省实验室体系长远蓝图，实施省实验室"提质增效"行动，推动省实验室体系高质量发展。以广州实验室、鹏程实验室为引领，按照"四个面向"[②]要求，紧跟世界科技发展大势，强化"国之重器"作用，争取更多国家重点实验室在粤落地。聚焦广东发展需求，依托科研院所、高校、科技型领军企业改扩建省实验室、省重点实验室，实现省实验室高水平发展。围绕粤港澳大湾区和"一带一

---

① 《习近平谈治国理政》第3卷，外文出版社2020年版，第249页。
② "四个面向"是指面向世界科技前沿、面向经济主战场、面向国家重大需求、面向人民生命健康。

路"建设布局，联合港澳和"一带一路"周边国家共建更多高质量联合实验室，充分发挥大湾区禀赋优势，持续优化国际科技合作创新基地，形成独具广东特色的省实验室体系。

第三，加强重大科技基础设施建设，发挥重大科技基础设施集群效应。截至2022年4月底，粤港澳大湾区已建、在建和拟建的重大科技基础设施（大科学装置）达27个，部分大科学装置已达到国际领先水平。要深入推进国家超级计算广州中心、国家超级计算深圳中心、江门中微子实验站等重大科技基础设施建设。加快人类细胞谱系大科学设施（广州）、材料基因组大科学装置平台（深圳）、先进阿秒激光设施（东莞）等大科学装置建设，加速推动中国散裂中子源二期（东莞）、冷泉生态系统大科学装置（广州）、强流重离子加速器装置（惠州）等被列入国家重大科技基础设施"十四五"中长期规划的大科学装置在粤落地，多层次、宽领域、高水准打造世界一流重大科技基础设施群，发挥重大科技基础设施集群效应，强化广东科技创新战略支撑。

三、明确企业创新主体地位，释放科技创新主体活力

推进产学研深度融合，关键要确立企业的创新主体地位。习近平总书记指出，"要推动企业成为技术创新决策、研发投入、科研组织和成果转化的主体"[①]，"要发挥企业出题者作用，推进重点项目协同和研发活动一体化，……发展高效强大的共性技术供给体系，提高科技成果转移转化成效"[②]。广东要立足自身优势，结合产业发展需求，进一步明确企业创新主体地位，增强企业创新动力，培育创新型企业梯队，完善创新型企业协同体系，扶持企业自主研发机构建设，提供研发技术支持，推进企业为

---

① 《习近平谈治国理政》第3卷，外文出版社2020年版，第251页。
② 《习近平谈治国理政》第4卷，外文出版社2022年版，第198页。

主导的产学研深入融合，建立创新成果转化高效体系，充分释放企业主体创新活力。

第一，培育创新型企业梯队，完善创新型企业协同体系。建立健全创新型领军企业培育机制，加大财税、资源、政策、服务等集成化支持力度，助力开展战略性、关键性、原创性技术攻关，推动其成为具备世界一流竞争力的创新型企业。重点扶持一批和争取育成更多规模化的高新技术企业，制定企业扶持定向政策，实施创新资源定向供给，进行创新人才定向输送。加速创新型中小企业提质升级，培育和壮大一批细分行业领域主营业务突出、竞争力强的独角兽企业和隐形冠军企业。推动企业共同开展多层次、宽领域的科技合作，促成建立互利共赢、协同共生、价值共享的企业创新联合体。

第二，扶持企业自主研发机构建设，提供研发技术支持。加强企业自主研发机构制度设计，建立健全企业自主研发机构法律法规，通过制度激励企业建立不同层次、多种形式的自主研发机构，增强企业自主创新能力，实现产品和产业链升级提质。鼓励扶持创新型领军企业创建国家级工程技术研发中心，对其进行政策、资金、人才、技术等全面支持。2023年4月习近平总书记在广东考察时提出："要加强对中小企业创新支持，培育更多具有自主知识产权和核心竞争力的创新型企业。"[①]为此，广东要注重支持有条件的中小企业建立技术研发中心、工程实验室等科创平台，推动省实验室、科研院所、高校与企业的深度合作，培育企业建立前沿性技术研发机构，提升企业创新核心竞争力。

第三，推进以企业为主导的产学研深入融合，建立创新成果转化高效体系。习近平总书记指出，"要强化企业主体地位，推进创新链产业链资

---

① 《坚定不移全面深化改革扩大高水平对外开放 在推进中国式现代化建设中走在前列》，《人民日报》2023年4月14日。

金链人才链深度融合，不断提高科技成果转化和产业化水平"①。不言自明，科技成果高效转化需要依靠创新全过程生态链来实现。广东要积极创新产学研深度融合合作机制，深入推进实施广东省与"三部两院"②战略合作协议，推进央属科研院所、企业与广东各地市科研院所、企业、高校开展产学研合作，争取尽快构建起广东创新全过程生态链。持续做大做优做强国家技术创新中心和综合性国家科学中心，依托科学中心积极探索重大创新成果转化模式，构建技术研发和成果产业化"一体化"体系。加快培育一批专业性强、市场化程度高、具备规模效应的创新成果转化机构和转化平台，发挥其在成果转化链中的"加速器"作用，实现创新成果就地高效转化。

四、持续推进人才高地建设，厚实科技创新人才基础

习近平总书记指出，"要实现高水平科技自立自强，归根结底要靠高水平创新人才"③，"谁拥有了一流创新人才、拥有了一流科学家，谁就能在科技创新中占据优势"④。广东要立足自身人才需求，坚持人才是第一资源，实施人才引领驱动，全面提高人才自主培养质量，着力造就拔尖创新人才，创新人才培育机制方式，优化人才成长环境，统筹谋划教育、科技、人才建设，强化人才协同发展和开放合作，打造世界一流创新人才"向往地"，聚天下英才而用之，持续推进人才高地建设。

第一，创新人才培育机制方式，优化人才成长环境。"要坚持科技创新和制度创新'双轮驱动'，以问题为导向，以需求为牵引，在实践载

①《坚定不移全面深化改革扩大高水平对外开放　在推进中国式现代化建设中走在前列》，《人民日报》2023年4月14日。
②"三部两院"是指科技部、教育部、工业和信息化部、中国科学院、中国工程院。
③《习近平谈治国理政》第4卷，外文出版社2022年版，第202页。
④《习近平谈治国理政》第3卷，外文出版社2020年版，第253页。

体、制度安排、政策保障、环境营造上下功夫。"①具体而言，创新人才培养管理机制，深化科研管理机制改革，以信任为基础，避免科研管理上过多的行政干扰，赋予科研人才和团队在科研选题、经费使用、资源调配、平台使用上更大的自主权，充分激活科研人才创新活力。创新人才培养评价机制，深化人才评价机制改革，逐渐破除"四唯现象"②，为科研工作者、技术人员营造潜心研究、追求卓越、风清气正的科研环境。完善人才培养保障机制，健全试错容错纠错机制，建立知识产权纠纷解决机制，明晰科技成果权益归属问题，为科研人才在子女教育、住房保障、医疗服务等方面建立全链条保障体系，持续优化科研人才成长环境。

第二，统筹谋划教育、科技、人才建设，发挥教育、科技对人才的反哺作用。教育是基础，科技创新和人才育成，需要教育提供直接支撑。持续推进中山大学、华南理工大学"双一流"高校高质量发展，推进南方科技大学、华南师范大学等"双一流"学科高校高水平发展，争取更多知名高校在粤置办分校，强化粤港澳教育合作，做强粤港澳高校联盟，打造高水平研究型高校集群，为人才育成提供基础性支撑。科技是动力，强化科技自立自强。以大湾区国际科技创新中心和综合性国家科学中心为引领，进一步完善省实验室体系，争取更多高水平多层次实验室在粤落地，鼓励企业建立自主研发机构，打造高水平科创平台，释放人才培养空间，为人才育成提供战略性支撑，以充分发挥教育、科技对人才的反哺作用。

第三，强化人才协同发展和开放合作，打造世界一流创新人才"向往地"。加强人才协同发展制度建设，消除人才发展要素流动壁垒，构建人才流动统一大市场，促进科技人才有序流动。实施人才"引进来"与"走出去"并举，优化人才"走出去"渠道，学习借鉴国际一流人才高地建设

---

① 《习近平谈治国理政》第3卷，外文出版社2020年版，第250页。
② "四唯现象"是指"唯论文、唯职称、唯学历、唯奖项"现象。

经验，引进国际知名科研机构、企业研发中心在粤落户，鼓励广东科研院所、高校与国内外知名高校、科研院所加强人才培养交流合作，通过文凭互授、科研项目、学术会议等形式共探人才培育模式。加强海外人才引进机制建设，提升海外人才服务管理水平，推动建立与海外高端人才有效衔接的医疗、就业、住房、停居留及出入境等政策体系，引进和培育一批具有国际水平的战略科学家、科技领军人才、青年科技人才和高水平创新团队，打造世界一流创新人才"向往地"，形成天下英才聚南粤，万类霜天竞自由的创新局面。

五、贯彻落实创新发展理念，营造科技创新时代氛围

党的二十大报告指出，坚持创新在我国现代化建设全局中的核心地位，就要积极"培育创新文化，弘扬科学家精神，涵养优良学风，营造创新氛围"①。广东要坚持创新在现代化建设全局中的核心地位，坚决贯彻落实创新发展理念，积极培育创新文化，探索实施科技创新长远规划，建立健全试错容错机制，培育科研人员健康的科研心态，宣传和弘扬科学家精神，积极开展创新主题教育活动，举办高质量科研实践活动，提高大众科学素质，营造科技创新时代氛围。

第一，制定科技创新长远规划，培育科研人员健康的科研心态。加强科技创新实施政策研究，制定科技创新长远规划，追求科技创新长远效益，避免科研项目、科研效益的急功近利现象。坚持"破四维"与"立新标"并举，积极探索与科研成果效益相适应的薪酬制度，为科研人员安心科研提供保障。强化科研政策规划引导，给予科研人员在科研项目、经费使用、资源调配上更大的自主权，减少繁琐的、不必要的行政干扰、体制

---

① 习近平：《高举中国特色社会主义伟大旗帜　为全面建设社会主义现代化国家而团结奋斗——在中国共产党第二十次全国代表大会上的报告》，人民出版社2022年版，第35页。

束缚。充分保障科研人员科研时间，使科研人员的主要精力能投入到科技创新和研发活动中，减少科研人员应景性、应酬性活动，减少不必要的评审评价活动，杜绝形式主义、官僚主义式活动，培育塑造科研人员健康的科研心态。

第二，宣传和弘扬科学家精神，积极开展创新主题教育活动。深入挖掘科学家精神的丰富内涵，将科学家精神融入创新主题教育活动，积极宣传科学家的感人事迹、价值追求和爱国情怀，引导人们将个人理想融入国家理想，激发人们内在的使命担当，争做社会主义事业合格的建设者和接班人。加强科学家纪念馆、科技博物馆、科学家精神教育基地的建设，面向公众有序开放，拓宽主题教育活动载体和平台。创新科学家精神宣传方式和途径，将新媒体技术与科学家精神积极融合，通过抖音、公众号、短视频等新媒体平台定期推送科学家精神事迹，实现科学家精神教育活动"润物细无声"社会效果。

第三，举办高质量科研实践活动，提高大众科学素质。制定实施"政府推动、全民参与"的工作方针，积极开展全省科技进步活动月、全国科技周、全国科普日宣传活动，组织科研人员深入学校、企业、社区开展科技宣讲活动，进一步提升"广东院士讲坛""岭南大讲堂""万名专家讲科普""科普一日游"等大众科普品牌效应。深入推进"研学旅行"活动，注重"研学旅行"课程质量设计，避免重"旅"轻"研"和重"教"轻"探"现象，提升科学传播效果。建立健全科学实践活动有效反馈机制，做好科学实践活动的有效评价，加强后续科学实践活动的指导性和启发性。少年强则国强，广泛开展青少年科技创新大赛、青少年机器人竞赛等活动，提高青少年科学素质，让更多青少年心怀科学梦想、树立创新志向，营造崇尚创新、乐于创新、敢于创新的新时代创新氛围。

第六章

以改革开放创新推进广东现代化建设

世界正经历百年未有之大变局，实现中华民族伟大复兴面临前所未有的机遇和挑战。习近平总书记高瞻远瞩、统揽全局，亲自擘画全面建设社会主义现代化国家的宏伟蓝图，亲自赋予广东在新征程中的使命任务。改革、开放、创新三大动力，是广东最鲜明的标识，是广东谋发展的宝贵基因，是广东走在前列的成功经验，也是未来新征程路上广东立潮头、谱新篇、开新局的圭臬。

第一节　广东现代化建设中推进改革开放创新的总体目标

改革开放以来，广东从相对落后的农业省崛起为全国第一经济大省，这种突破性飞跃的动力源自改革、源自开放、源自创新。党的十八大以来，习近平总书记四次视察广东，要求广东在全面深化改革方面继续走在全国前列，在扩大高水平对外开放方面继续走在全国前列，在提升科技自立自强能力方面继续走在全国前列，为我们奋进新征程、推进广东现代化建设指明了前进方向、注入了强大动力。"走在前列"是广东推进中国式现代化实践始终遵循的一条主线。过去广东走在改革前列，主要方向是侧重于经济体制制度方面的改革，在新征程上要强化经济体制改革牵引作用，带动各领域改革纵深推进、同向发力，为社会主义现代化建设作出更大贡献。过去广东走在开放前列，主要方向是参与国际分工、融入国际大循环，在新征程上充分巩固和拓展在国内国际两个循环中的优势，夯实走在前列的地位与根基。过去广东走在创新前列，主要体现在总量、规模、速度上，在新征程上以科技创新驱动高质量发展，加速转换增长动能，进一步提升科技自立自强能力，充分发挥科技创新的支撑引领作用。

一、在全面深化改革方面继续走在全国前列

习近平总书记在主持召开二十届中央全面深化改革委员会第一次会议时指出，"实现新时代新征程的目标任务，要把全面深化改革作为推进中国式现代化的根本动力"①。广东作为改革开放的排头兵、先行地、实验区，在中国式现代化建设的大局中地位重要、作用突出。广东在过去的发展模式下越是成功，积累的问题、形成的惯性、改革过程遇到的阻碍往往也越突出。我们要担当好与时俱进全面深化改革的重要使命，抓住构建高水平社会主义市场经济体制这个重点，聚焦科技创新、国资国企、协调发展、生态环境、数字政府、信用广东等领域先行先试，打造广东标志性引领性改革品牌，擦亮市场化法治化国际化一流营商环境金字招牌，向全世界展示一个不僵化、不停滞、不懈怠的活力广东。

深化市场化体制机制改革。建设高标准市场体系，全面完善产权制度，全面实施市场准入负面清单制度，全面落实公平竞争审查制度，为营造公平竞争的社会市场环境提供制度保障。推进要素市场化配置改革，根据土地、劳动力、资本、技术、数据等要素的不同属性和市场化差异程度，分类完善相应的要素市场和交易平台，完善要素确权、价格、交易、监管等机制，深化要素价格市场化改革，探索完善生产要素由市场评价贡献、按贡献决定报酬的机制。深化国资国企改革，调整国有经济存量结构，优化增量投向，做强做优做大国有资本和国有企业。激发民营经济活力，进一步放宽市场准入，降低民营企业生产经营成本，支持民营企业参

---

① 《守正创新真抓实干　在新征程上谱写改革开放新篇章》，《人民日报》2023年4月22日。

与省级重大科研攻关项目，创新融资方式支持民营企业科技创新，弘扬新时代粤商精神，加快建设更多的世界一流企业。

建立现代财税体制。深化财政管理改革，深入推进预算管理制度改革，全面实施预算绩效管理，加强项目库管理，加快推进"数字财政"建设，持续推进省与市县财政事权和支出责任划分改革。提升税收征管效能，深入落实各项减税降费政策，积极培育壮大地方税税源，健全税费征管体系，强化信息化支撑作用，建立健全综合治税体系，完善涉税信息共享机制。强化政府债务管理，完善政府举债融资机制，健全政府债务常态化监控机制，加快建立高质量的项目储备和评估遴选等工作机制，建立健全政府债券项目库，管好用好政府债券资金，坚决遏制隐性债务增量，积极稳妥化解存量。

建设服务型有为政府。优化政府职责体系，推进政府机构、职能、权限、程序、责任法定化，统筹利用行政管理资源，优化政府组织结构。构建一流营商环境，加快推进优化营商环境条例立法，持续开展全省营商环境评价，支持广州、深圳建设国家营商环境创新试点城市，深化"放管服"改革，全面实行政府权责清单制度，深化商事制度改革，创新"互联网+政务服务"的行政管理和服务模式，持续推进强市放权，深化投资项目审批制度改革，全面优化省一体化政务服务平台，实施涉企经营许可事项清单制度，加强和规范事中事后监管。加快信用广东建设，完善诚信建设长效机制，推进信用信息共享，推进"信用广东"平台升级改造，加强信用数据安全防护，开展政务诚信监测治理，探索信用破解证明难，实施"信易+"工程，完善和推广"信易贷"模式，推行信用承诺制，加强守信激励和失信惩戒，出台规范发展信用服务业的政策措施。

广东引领高质量发展，在中国式现代化建设中走在前列，必须强化经济体制改革的牵引作用，带动各领域改革纵深推进、同向合成。在经济领域全面深化市场化体制机制改革、现代财税体制改革、科技体制改革、农村领域体制机制改革。在社会领域全面深化教育领域改革、医疗健康领域改革、收入分配和社会保障领域改革。在生态领域全面深化自然资源管控制度、现代环境治理体系、资源有偿使用和生态补偿机制等方面改革。广东不仅要在经济发展上走在前列，还要在政治、文化、社会、生态文明等各领域全方位走在前列，在改革最前沿充分彰显排头兵、先行地、实验区的地位和作用。

二、在扩大高水平对外开放方面继续走在全国前列

习近平总书记指出："开放带来进步，封闭导致落后。对一个国家而言，开放如同破茧成蝶，虽会经历一时阵痛，但将换来新生。"①广东经济发展的过程就是改革和开放相互影响、相互促进的过程。在新征程上，广东要担当好锐意开拓全面扩大开放的重要任务，打好外贸、外资、外包、外经、外智"五外联动"组合拳，稳步扩大规则、规制、管理、标准等制度型开放，加快建设贸易强省，塑造广东贸易的战略态势和战略优势，把广东打造成全球高端要素集聚和资源配置的枢纽区域。

着力建设更高水平开放型经济新体制。深化广东自贸试验区制度创新，积极争取国家支持广东自贸试验区扩区，发挥广东自贸试验区示范引领作用，推动实施跨境服务贸易负面清单，建设新型国际贸易中心，充分发挥金融开放创新试验示范窗口作用，进一步扩大对港澳服务业的开放。推进投资贸易自由化便利化，全面实行准入前国民待遇加负面清单管理制度，充分利用粤港澳大湾区、深圳先行示范区、自贸试验区等政策优势，大幅度推动金融、文化、医疗等服务业市场准入，进一步推进国际贸易

---

① 《习近平谈治国理政》第2卷，外文出版社2017年版，第512页。

"单一窗口"建设，探索在综合保税区实施以安全监管为主、体现更高水平贸易自由化便利化的监管模式，争取新设置一批综合保税区和保税物流中心。加强法治化保障，全面贯彻落实《中华人民共和国外商投资法》，积极发展国际仲裁和调解，建立健全贸易摩擦和纠纷综合应对机制，切实维护我省企业合法权益。

积极拓展全面开放空间。优化国际经济合作格局，按照互惠互利、务实高效原则，加强与发达经济体省际市际交流，积极对接中欧投资协定，把握《区域全面经济伙伴关系协定》（RCEP）签署机遇，探索与非洲在基础设施建设、旅游、农业、轻工业、先进制造业、新能源、5G和职业培训等领域的合作。更加积极有效利用外资，实施产业链招商，围绕推动战略性产业集群发展，支持外资企业在我省设立研发中心、承担科研项目，制定实施促进总部经济创新发展政策，进一步健全重大外资项目协调推动机制，建设高水平国际投资合作平台，培育吸引外资新优势。推动境外投资提质增效，坚持以企业为主体，鼓励有能力、有条件的企业积极稳妥开展境外投资，巩固提升与发达国家的创新开放合作，深化与新兴市场国家投资合作，着力增强企业"走出去"竞争力，进一步提高企业风险管理能力，为我省企业提供更为优质、高效、全面的信用保险服务。

深入参与"一带一路"建设。推进基础设施互联互通，发挥地缘优势，加强与沿线国家基础设施规划、技术标准体系的对接，构建内接周边省区和内陆腹地、外联沿线国家和地区的综合交通体系，积极谋划"丝路海运"，加强空中丝绸之路建设，坚持市场化、多元化发展，推进数字丝绸之路务实合作，加快信息基础设施互联互通建设，推进空间信息走廊建设与应用。深化国际产能合作，坚持互惠共赢原则，建立健全双边产能合作机制，支持企业结合自身优势对接沿线国家产业和资源，鼓励企业参与境外港口、信息基础设施及能源资源建设项目，落实我省境外经贸合作区扶持政策，推进中国—东盟现代海洋渔业技术合作与产业化开发示范项目，鼓励广东制造业优势与港澳国际经贸网络等优势相结合。深化人文交流，发挥广东侨务大省优势，逐步构建与对外开放深度融合、相互促进的人文交流新格局，加强与沿线国家旅游投资合作，加强教育合作，坚持出国留学和来粤留学并重，支持广东高校与沿线国家开展人才培养培训、办学、科研、师生交流等多种形式合作，进一步优化国际友城布局，积极参与健康丝绸之路建设，推进绿色丝绸之路建设。

全力推进粤港澳融合发展。推进粤港澳跨境要素便捷流动，大力实施"湾区通"工程，推进粤港、粤澳口岸基础设施建设，推进与港澳国际贸易"单一窗口"的交流合作，推进"澳车北上""港车北上"加快落地，支持逐步推进游艇码头对港澳籍游艇开放，支持符合条件的外资金融机构在大湾区设立发展，推进"数字湾区"建设。携手港澳构建高标准市场规则体系，推进与港澳在市场准入、标准认定、产权保护、政务服务等方面的接轨，进一步提升广东制造业优势与港澳现代服务业优势融合发展水平，在内地与香港、澳门《关于建立更紧密经贸关系的安排》（CEPA）框架下进一步扩大对港澳服务业开放，完善三地政府推进大湾区建设沟通协调机制，持续深化"放管服"改革和营商环境建设，推动职业资格和行业标准互认，探索搭建大湾区食品标准体系和检验监测平台，打造大湾区食品区域品牌，推动建设粤港澳大湾区国际仲裁中心，建设多元旅游平台。加快推动粤港澳重大合作平台建设，支持广州南沙打造粤港澳全面合作示范区，加快推进深圳前海深港现代服务业合作区开发建设，携手澳门积极推进横琴粤澳深度合作区建设，规划建设粤港澳大湾区（珠西）高端产业集聚发展区，支持各市立足自身产业优势建设一批特色合作平台，引进港澳科技研发、新兴产业、现代服务业、医疗教育等方面的高端资源，支持粤港澳合作办学。加强粤台经贸交流合作，落实落细惠台政策措施，鼓励台资企业参与构建以国内大循环为主体、国内国际双循环相互促进的新发展格局，参与建设粤港澳大湾区和深圳先行示范区。

作为高水平对外开放的门户枢纽，广东既是向世界展示我国改革开放成就的重要窗口，也是国际社会观察我国改革开放的重要窗口。在新征程上，广东坚持实施更大范围、更宽领域、更深层次的对外开放，依托链接国内大市场优势，全方位提高对外开放水平，更深度融入全球经济，在形成全面开放新格局上走在全国前列。

三、在提升科技自立自强能力方面继续走在全国前列

在广汽埃安新能源汽车股份有限公司考察时，习近平总书记强调，"关键核心技术要立足自主研发"。"实现高水平科技自立自强，是中国式现代化建设的关键"。[①]在以前，广东发展模式侧重于依赖土地、劳动力、资本等生产要素的投入，然而在数字经济时代，各种高新科技层出不穷，传统发展模式难以为继，必须转向充分挖掘知识、技术、数据等新生产要素的动能潜力。广东要牢牢把握创新第一动力，把科技创新作为重中之重，推动创新落到产业上、企业上、发展上，强化战略科技力量支撑，激发企业技术创新活力，打造创新人才强省，充分激发人才创新活力，完善鼓励创新的体制机制，让全社会创新创造活力充分迸发。

强化战略科技力量支撑。增强基础研究能力，充分发挥广东省基础与应用基础研究基金的支撑和引导作用，持续推进布局省基础研究重大项目，依托重大科技基础设施和高水平实验室体系，加强基础研究领域的国际合作。加强重大科技基础设施建设，以大湾区综合性国家科学中心建设为主要牵引，建立公开、公平、便利的科技基础设施和仪器设备开放共享

① 《坚定不移全面深化改革扩大高水平对外开放　在推进中国式现代化建设中走在前列》，《人民日报》2023年4月14日。

机制，确保设施仪器"应开放尽开放"，公共数据"应共享尽共享"。构建高水平多层次的实验室体系，着力打造以国家实验室为核心，以省实验室为中坚力量，以各级重点实验室、粤港澳联合实验室、企业实验室及各类专业实验室为支撑的研究平台体系。提升科研机构自主创新能力，完善与国家部委和院所的合作会商协调机制，吸引国内外高水平科研机构和人才向粤港澳大湾区集聚，联合港澳建设一批高端研究机构和创新平台，支持重点企业在海外建立研发机构或联合研究院，推动跨境科技创新合作。

激发企业技术创新活力。持续推进产业关键核心技术攻关，强化企业技术创新主体地位，鼓励企业加大研发投入，围绕战略性支柱产业、新兴产业和未来产业发展方向，持续实施重点领域研发计划，支持企业在人工智能、区块链、量子信息、生命健康、生物育种等前沿领域加强研发布局，增强5G、超高清显示等领域产业技术优势，聚焦短板领域，重点推进广东"强芯"等行动，加快发展集成电路、新材料、工业软件、高端装备等产业关键核心技术，切实保障产业链安全，积极探索社会主义市场经济条件下关键核心技术攻关新型举国体制的"广东路径"，推动"卡脖子"问题成体系解决。加强产业技术创新平台建设，持续推动高新技术企业"树标提质"，加快建设粤港澳大湾区国家技术创新中心，统筹推动组建一批国家和省级技术创新中心、产业创新中心、制造业创新中心以及工程研究中心和企业技术中心等创新平台，构建以市场为主导、企业为主体的产业技术创新体系。构建顺畅高效的创新成果转化体系，实施科技成果转化中试基地建设行动计划，系统推进建设一批科技成果转化中试基地，培育一批技术交易平台、知识产权运营平台以及技术合同认定登记点，高水平建设支撑行业研发创新的公共技术平台，推动更多企业和产业发展亟须的技术成果扩散与转化应用，完善"众创空间—孵化器—加速器—产业园"全链条孵化育成体系，着力培育发展新技术、新业态、新模式。

打造创新人才强省。创新人才培育机制和方式，制定人才强省建设的意见和行动方案，完善粤港澳大湾区人才协同发展和交流合作机制，依托"广东特支计划"等人才工程和高等院校、科研院所、科技基础设施、实验室等载体平台，培养造就一大批具有国际水平的战略科技人才、科技领军人才、青年科技人才和高水平创新团队，建立高层次人才长期稳定支持机制，实施粤东粤西粤北地区人才发展帮扶计划。更大力度引进"高精尖缺"人才，把握全球人才流动新趋势，加大海外引才力度，精准引进海外高端人才和创新创业团队，加大力度引进国际一流创新机构，加快构建具有全球竞争力的人才制度体系，推动优化完善大湾区境外高端人才和紧缺人才个人所得税优惠政策、签证制度、永久居留便利化制度等，打造"海外专家南粤行"新名片。

充分激发人才创新活力。深化人才发展体制机制改革，分类推进人才评价机制改革，建立人才综合服务保障体系，健全创新激励和保障机制，深入推进科技成果权属改革，完善符合人才创新规律的科研经费使用和审计制度，扩大创新人才科研活动自主权，大力弘扬科学家精神，营造尊重人才、关爱人才的良好环境。

完善鼓励创新的体制机制。优化粤港澳协同创新机制，构建"两点""两廊"①创新发展格局，开展创新要素跨境便利流动试点，推动香港、澳门高校和科研机构深度参与省财政科技计划（专项、基金）、重大科技基础设施和高水平实验室体系建设等。深化科技领域改革，改革科技项目立项和组织方式，推动科研院所普遍建立现代管理制度，实施"三

---

① "两点"：深港科技创新合作区深圳园区、横琴粤澳深度合作区。"两廊"：广深港、广珠澳科技创新走廊。

评"①联动改革，在项目、基地、人才、机构、奖励等方面破除"四唯"②
倾向，加强科技伦理和科研诚信体系建设，实施世界一流科技期刊培育计
划，搭建具有国际影响力的学术交流和科学文化传播平台。加强知识产权
保护和运用，争取建设一批国家级知识产权保护中心，健全知识产权快速
协同保护机制，深入推进知识产权证券化，加强粤港澳三地知识产权合
作，加强专利、商标、工业品外观设计的国际布局，积极支持和参与国际
标准化活动，积极推广应用国际标准。

习近平总书记对广东寄予厚望，要求广东在提升科技自立自强能力方
面继续走在全国前列。广东要坚持创新在现代化建设全局中的核心地位，
聚力推进高水平科技自立自强，开辟发展新领域新赛道，不断塑造发展新
动能新优势。

▼ 第二节 广东现代化建设中推进改革开放创新 面临的挑战

广东目前处于竞争优势重塑期、新旧动能加速转换期、工业化城镇化
深化期、社会转型加速期、全面深化改革攻坚期、生态环境提升期，发展
呈现新的阶段性特征，正处于跨越常规性、长期性关口的攻坚阶段，既具
备坚实的发展条件，也面临不少新旧矛盾挑战。

一、发展不平衡不协调仍待解决

习近平总书记曾深刻指出，城乡区域发展不平衡是广东高质量发展的

---

① "三评"：项目评审、人才评价、机构评估。
② "四唯"：唯论文、唯职称、唯学历、唯奖项。

最大短板。①广东要下功夫解决城乡二元结构问题，把短板变为潜力板，提高发展协调性和平衡性，在促进城乡区域协调发展等方面继续走在全国前列。

区域发展不平衡。广东区域发展不平衡主要指珠三角核心区、沿海经济带东西两翼地区、北部生态发展区等区域发展之间的差距。广东区域间发展不平衡不充分问题由来已久，其中缘由既涉及地理位置以及地区自然资源禀赋因素，也涉及人文因素，还受到政策、制度、产业、科技等因素的影响。珠三角核心区各市地势平坦，地理位置优势明显，毗邻港澳，交通发达，而粤东西北地区地处山区，丘陵较多，交通不够通达，在这种长期稳定的自然环境影响下，社会经济活动自然而然转向珠三角核心区，使珠三角核心区各种要素集聚，经济得以充分发展。再者，珠三角核心区是我国著名的侨乡，相较于粤东西北地区，珠三角核心区有大量华人越洋谋生，改革开放后华侨回国投资创业，首选地区自然是珠三角核心区，这部分人群积累了资金，也熟悉市场经济运作机制，成为珠三角核心区经济腾飞的重要因素。此外，经济相对发达地区的企业往往处于产业链的高端，经济相对落后地区的企业则长期被锁定在产业价值链的低端，再加上政策的主导和倾斜，高新技术产业更偏好于珠三角核心区，而技术含量相对不高，依赖于低技能劳动型的产业则向粤东西北地区转移，一留一转便使珠三角核心区呈现"马太效应"。而且，在区域发展不平衡不充分的基础上，还存在区域之内不同城市发展过程的分化，如珠三角各市之间、粤东西北各市之间经济社会文化发展水平的不平衡现象。

区域发展不平衡不充分在经济社会发展的动态过程中始终存在，是绝对性与相对性的统一，是区域城市化、产业化、现代化必然出现的客观现

① 参见《深入实施"百千万工程" 大力推动城乡区域协调发展》，《广州日报》2023年10月10日。

象，并不涉及好与坏的价值判断，需要努力的是对区域发展的不平衡不充分做出"度"的衡量，对不同区域发展程度进行动态评估，从而正确制定区域发展战略与政策，推动广东各区域各地市实现高质量发展。

城乡发展不平衡。习近平总书记指出："全面建设社会主义现代化国家，最艰巨最繁重的任务仍然在农村。"①中国发展不平衡最显著的表现就是城乡发展不平衡。广东是中国经济发展的缩影，既有最发达的珠三角，又有相对落后的粤东西北地区。广东城乡发展不平衡问题涉及城乡公共服务供给不均等、土地资源利用效率不高、农业农村产业化水平有待提高、城乡居民收入差距大等方面。

此外，随着数字信息通信技术的发展，新征程广东省内城乡"数字鸿沟"问题日益突出。"数字鸿沟"指因数字信息通信技术的接入和使用的差别导致贫富差距进一步呈两极分化的趋势。"数字鸿沟"包括"接入性鸿沟"和"使用性鸿沟"。接入性鸿沟主要指不同群体接入数字化的差异，使用性鸿沟主要指不同群体接入数字化后在使用上的差异。广东城乡"数字鸿沟"表现为乡村数字基础设施覆盖的深度和广度存在不同程度的滞后，农民的数字素养以及收入影响着他们对数字信息通信技术的应用与转化，这些因素使农民虽然在形式上实现了与数字化的接轨，但在实质上仍然存在必须跨越的接入鸿沟和使用鸿沟。数字鸿沟既是城乡收入差距的结果，又是导致城乡收入差距进一步扩大的原因。因此，缩小城乡数字鸿沟是广东实现共同富裕必须跨越的障碍。

二、对内对外开放的范围、领域、层次仍需拓展

当前，广东经济恢复的基础尚不牢固，需求收缩、供给冲击、预期

---

① 习近平：《高举中国特色社会主义伟大旗帜　为全面建设社会主义现代化国家而团结奋斗——在中国共产党第二十次全国代表大会上的报告》，人民出版社2022年，第30—31页。

转弱三重压力仍然较大，处于"两个前沿"所面临的外部风险挑战更为直接，创新链、产业链、供应链存在明显薄弱环节，广东作为我国开放程度最高、经济活力最强的区域之一，对内对外开放的范围、领域、层次仍需进一步拓展。

对内开放的范围、领域、层次仍需进一步拓展。习近平总书记指出："要科学认识国内大循环和国内国际双循环的关系，主动作为、善于作为，建设更高水平开放型经济新体制，实施更大范围、更宽领域、更深层次的对外开放。"①国内大循环与国际大循环不是相互对立的，而是相互促进、有机统一的关系。以国内大循环为主体，是针对全国统一大市场而言，不能囿于一省一市一区县，不能够"小而全"，更不能以"内循环"的名义搞地区封锁，有条件的地区可以率先探索有利于促进全国构建新发展格局的有效路径，发挥引领和带动作用。

更大范围的开放指开放的布局更完善，开放的区域更均衡。更宽领域的开放指开放进一步覆盖生产、分配、流通、消费各环节。更深层次的开放指推进规则衔接机制对接。于广东更大范围的对内开放而言，广东参与泛珠三角区域合作力度有待加大，广东与香港、澳门两地合作空间有待增强，省内珠三角与粤东西北地区的开放发展布局有待完善。于广东更宽领域的对内开放而言，广东要积极利用国内超大规模市场优势，克服外需订单不足带来的不利影响，持续创造高品质的技术、产品与服务供给，合理扩大国内投资，多领域拓展更大合作与协同。于广东更深层次的对内开放而言，做好粤港澳大湾区这篇大文章，积极探索与完善粤港澳三地合作规则与机制，高水平建设横琴、前海、南沙、河套等重大合作平台，努力协同对接京津冀、长三角、成渝地区双城经济圈，着眼服务和融入新发展

---

① 习近平：《新发展阶段贯彻新发展理念必然要求构建新发展格局》，《求是》2022年第17期。

格局。

对外开放的范围、领域、层次仍需进一步拓展。从国际形势看，逆全球化潮流涌动，保护主义、单边主义上升，全球产业链、供应链面临冲击。某些国家延续冷战思维，大搞孤立主义、地缘政治，挑动对立对抗，企图分裂世界，在经济上构建"小院高墙"、打造"平行体系"，对中国采取脱钩断链，制裁制衡，试图将中国从全球中高端产业链价值链中剥离出去。处于改革开放前沿和意识形态斗争前沿的广东对外开放进程面临的外部风险挑战更为直接，全球贸易和投资增长放缓，全球价值链参与度逐步下降收缩，全球地缘政治紧张局势使经济全球化向经济区域化、集团化转变等逆全球化趋势进一步阻碍了广东对外开放的范围、领域、层次。

正如习近平总书记强调："当前，世界经济面临诸多复杂挑战，我们决不能被逆风和回头浪所阻，要站在历史正确的一边，坚定不移全面扩大开放，推动建设开放型世界经济，推动构建人类命运共同体。"①广东要立足中华民族伟大复兴战略全局和世界百年未有之大变局，开拓全面扩大开放的重要任务，不断提升贸易投资合作质量和水平，大力吸引和利用外资，持续推进贸易强省建设。要进一步优化对外开放布局，打好外贸、外资、外包、外经、外智"五外联动"组合拳，稳步扩大规则、规制、管理、标准等制度型开放，持续改善营商环境，塑造更高水平开放型经济新体制。

三、创新发展的卡点堵点仍需畅通

习近平总书记指出："实现高水平科技自立自强，是中国式现代化建设的关键。要深入实施创新驱动发展战略，加强区域创新体系建设，

---

① 《开放发展，合作共赢创新局（总书记擘画高质量发展）》，《人民日报》2020年12月20日。

进一步提升自主创新能力，努力在突破关键核心技术难题上取得更大进展。"①广东要把握科技创新发展新阶段新形势，坚持创新在现代化建设全局中的核心地位，畅通创新发展的卡点堵点，建设具有全球影响力的科技和产业创新高地。

当前，广东创新发展仍存在不少卡点堵点。一是战略科技力量布局不足。高层次科技创新平台是实现高水平科技自立自强的坚实屏障，也是推动产业优化转型升级、实现经济高质量发展的重要手段。广东高层次创新平台数量偏少，在科技资源、基础研究、原始创新能力方面仍然相对薄弱。二是关键核心技术"卡脖子"问题仍然突出。技术"卡脖子"是我国产业实现高质量发展亟须解决的问题。在全球化的科技竞争中，缺少关键技术一环，便会导致企业生产链断裂，在生产能力、产出质量、产品性能等方面严重受损。我国面临的技术"卡脖子"领域，既涉及高端装备、精密仪器、高端芯片，也涉及核心软件、高性能材料等。广东科技创新发展重大领域关键核心技术依旧是最大的命门，产业技术核心竞争力不足，在科技创新投入、效率、产出、转化等方面仍存在瓶颈。三是深层次体制机制障碍依然存在，创新政策落地以及创新环境营造有待加强。存在部分企业对相关政策不掌握或不了解而错过政策的红利与优惠的情况，部分政策的执行也缺少追溯与反馈机制，政策是否有效发挥难以评估。四是创新人才引进培育模式不够完善，高层次人才队伍建设需进一步强化。科技是第一生产力、人才是第一资源、创新是第一动力。广东在高层次人才引进渠道、高层次人才引进待遇、高层次人才认定标准、人才贡献评价体系等方面仍需进一步创新与完善。

科技创新始终是一个国家、一个民族发展的不竭动力和生产力提升的

---

① 《坚定不移全面深化改革扩大高水平对外开放　在推进中国式现代化建设中走在前列》，《人民日报》2023年4月14日。

核心因素。科技创新也是广东实现高质量发展，引领中国式现代化建设的关键。由此，广东要持续畅通创新发展的卡点堵点，为提升科技自立自强能力继续走在全国前列做出新的突破。

▼ 第三节　再造广东现代化建设关键新优势

改革、开放、创新"三大动力"是广东最鲜明的标识，是必须始终牢牢扭住、不断巩固发展的最关键优势。要把握规律、把握主动，着力激活"三大动力"，在新征程上再造广东现代化建设关键新优势。

要推动思想再解放，以改革的办法推进改革，提振改革精气神，激活改革动力，再造体制机制新优势。要在更大范围、更宽领域、更深层次对内对外开放中拓展经济纵深，激活开放动力，再造发展空间新优势。要营造崇尚创新、鼓励创新、勇于创新的浓厚氛围，把科技创新作为重中之重，创造性抓落实，激活创新动力，再造发展活力新优势。

一、再造广东改革新活力

新征程上，广东要勇于冲破思想观念的障碍，突破利益固化的藩篱，敢于啃硬骨头，敢于涉险滩，要以更大魄力、在更高起点上推进全面深化改革。

激活改革动力，要推动思想再解放。改革开放40多年来，解放思想是贯穿始终的一条主线。没有解放思想，就不会有改革开放的伟大成就。习近平总书记指出："中国人民坚持解放思想、实事求是，实现解放思想和改革开放相互激荡、观念创新和实践探索相互促进，充分显示了思想引领的强大力量。"①广东要推进全面深化改革，一方面要充分发挥思想的引领作用，让广大领导干部从因循守旧、固步自封的观念中解放出来，从思维惯性、本位主义的束缚中挣脱出来，从不符合新发展理念的观念藩篱中解放出来，按照党中央的决策部署和走在前列的要求谋改革、促改革。另一方面广大领导干部要进行思想上的"自我革命"，从犹豫不前的保守者转变为坚定奋进的改革者，推动广东全面深化改革的历史车轮滚滚向前。再一方面，全面深化改革只有进行时没有完成时，解放思想同样没有止境、没有尽头，要探寻推动思想再解放的长效机制，让解放思想、实事求是为广东全面深化改革保驾护航。

激活改革动力，以改革的办法推进改革。全面深化改革是一项复杂的社会系统工程，必须始终坚持正确的方法。习近平总书记强调，改革要"坚持'摸着石头过河'和顶层设计相结合，坚持问题导向和目标导向相统一，坚持试点先行和全面推进相促进"②。于广东而言，改革要处理好顶层设计与实践探索的关系，按照党中央决策部署蹄疾步稳推进改革，保持改革的系统性、整体性、协同性，同时根据省市区县独特情况与实践，有针对性地"摸着石头过河"，总结经验，把经验上升为理论，用以指导改革继续向前。要坚持问题导向与目标导向相统一，问题是突破口，改革过程要勇于发现问题、提出问题、解决问题，目标是指南针，要边改边对照，边改边调整，提高改革决策与措施的科学性。要坚持试点先行和全面推进相促进，广东要坚持强化经济体制改革的牵引作用，带动各领域改革纵深推进，实现更多创造型、引领型改革，既要大胆试、大胆闯，又要坚持实事求是、善作善成，确保改革开放行稳致远。

激活改革动力，提振改革精气神。习近平总书记在深圳经济特区建立

---

① 习近平：《论坚持全面深化改革》，中央文献出版社2018年版，第455页。
② 《在庆祝改革开放40周年大会上的讲话》，《人民日报》2018年12月19日。

40周年庆祝大会上指出，要"永葆'闯'的精神、'创'的劲头、'干'的作风，努力续写更多'春天的故事'"①。习近平总书记的讲话生动诠释了广东创造改革开放奇迹形成的精神力量，为广东准确把握和提振新时代改革精气神提供了重要指引。新征程上广东要牢固树立改革强省的鲜明导向，始终贯彻改革为了人民、依靠人民，改革成果由人民共享、由人民检验的价值取向，充分调动广东人民拥护改革、支持改革、顺应改革的意愿，使各项改革一路披荆斩棘，一往无前。要探索和制定长效制度机制支持广大领导干部投身改革，要设立追溯、反馈、保护机制，为敢于啃硬骨头的领导干部遮风挡雨、保驾护航。要在全社会弘扬"闯"的精神、"创"的劲头、"干"的作风，引导社会团体、企业组织、相关机构融入全面深化改革大潮，持续激活改革动力，提振改革精气神。

二、再造广东开放新格局

开放带来进步，封闭必然落后。新征程上广东要继续在更大范围、更宽领域、更深层次对内对外开放中拓展经济纵深，通过开放拥抱新机遇，再创新奇迹。

广东具备对内对外开放拓展经济纵深的坚实基础。在国家战略方面，习近平总书记多次亲临广东视察，对广东工作作出重要讲话和重要指示批示，赋予广东建设粤港澳大湾区和深圳先行示范区、横琴前海南沙三大平台、深圳综合改革试点、粤港澳大湾区高水平人才高地等重大使命、重大机遇。在经济基础方面，广东2022年地区生产总值12.9万亿元，连续34年居全国首位。在营商环境方面，广东市场主体总量突破1600万户，五年净增608万户，其中企业超过700万户，占全国1/7。在产业结构方面，广东三

---

① 《在深圳经济特区建立40周年庆祝大会上的讲话》，《人民日报》2020年10月15日。

次产业比重调整为4.2：41.1：54.7，经济结构持续优化，发展质量和效益不断提升。在综合创新方面，广东区域创新综合能力连续6年全国第一，正成长为国家重要创新动力源……依托经济总量、市场规模、创新潜力等方面的优势，广东有能力、有底气、有实力在对内对外开放中拓展经济纵深，再造广东开放新格局。①

广东具备对内对外开放拓展经济纵深的深厚潜力。先发优势先机渐远，比较优势追兵渐近，是广东新征程走在前列亟须解决的难题。纵深指地域的纵向深度，经济纵深指经济发展的空间。广东要保持领先优势，必须寻求新的发展空间，必须坚持开放，向内向外开放要空间。对外而言，广东与欧美、日韩、东南亚等国际市场的合作交流空间有待进一步挖掘。对内而言，粤港澳大湾区、长三角地区、京津冀地区、成渝地区等区域的协调发展空间有待进一步拓展。由此，广东要以开放的视野和格局推动更大范围、更宽领域、更深层次的对内对外开放，再造广东开放新格局。

广东具备对内对外开放拓展经济纵深的恒心决心。40多年前，广东逢山开路、遇水架桥，闯出一条前人未曾走过的新路，推动全省经济腾飞，助力全国经济发展。四十多年后，全面深化改革、高水平对外开放呈百花齐放、百舸争流的局面，兄弟省份齐头并进、奋起直追。广东作为改革开放的排头兵，已有的优势正在弱化，存在的劣势逐渐凸显，再加上一系列"黑天鹅"事件对世界经济与国际贸易造成的影响，意味着新征程上广东实现高水平对外开放面临着更为复杂的因素。广东必须迎难而上，勇立潮头，优化各项政策措施组合拳，完善各类规则标准，继续向世界展示中国对外开放的恒心决心，一步一步再造广东开放新格局。

---

① 参见《政府工作报告——2023年1月12日在广东省第十四届人民代表大会第一次会议上》。

三、再造广东创新新动能

科技是国家强盛之基，创新是民族进步之魂。新征程上广东要坚持创新在现代化建设全局中的核心地位，持之以恒，久久为功，持续提升科技自立自强能力，为中国式现代化建设提供源源不断的新动能。

要营造崇尚创新、鼓励创新、勇于创新的浓厚氛围。习近平总书记指出："中华文明是革故鼎新、辉光日新的文明，静水深流与波澜壮阔交织。连续不是停滞、更不是僵化，而是以创新为支撑的历史进步过程。"① 创新是中华文明的突出特性，中国式现代化的探索就是一个在继承中发展、在守正中创新的历史过程。新征程上广东要大力推进理论创新、实践创新、制度创新、文化创新以及其他各方面创新，不断开辟发展新领域新赛道。要制定长效机制措施保护创新成果，加大对创新成果转化的支持力度，让创新在全社会蔚然成风。

要把科技创新作为重中之重。习近平总书记指出："我们要善于通过历史看现实、透过现象看本质，把握好全局和局部、当前和长远、宏观和微观、主要矛盾和次要矛盾、特殊和一般的关系。"② 抓住主要矛盾带动全局工作，是唯物辩证法的内在要求，也是我们党一贯倡导和坚持的方法论。创新是引领发展的第一动力，科技创新作为创新发展的核心要素，新征程上广东要提高自主创新能力，抓住关键核心技术自主创新这个"牛鼻子"，奋力推进基础研究，实现从0到1的突破，进一步拓展应用研究，打破各种壁垒，积累更多创新成果，汇聚各方资源，让科技创新为创新发展提供强大动力。

---

① 习近平：《在文化传承发展座谈会上的讲话》，《求是》2023年第17期。
② 习近平：《高举中国特色社会主义伟大旗帜 为全面建设社会主义现代化国家而团结奋斗——在中国共产党第二十次全国代表大会上的报告》，人民出版社2022年版，第21页。

要创造性抓落实。各级领导干部作为创新的引领者、推动者，要加快转变不适应创新发展要求的思想观念、思维方式、行为方式和工作方法，让创新的方向不迷失、创新的政策不走样、创新的成果达到预期。要善于用创新的思维发现问题，用创新的方法解决问题，推动各项事业取得创造性成果。要允许失误、宽容失误、避免失误，创新实质就是摸着石头过河，要为敢于创新、勇于创新的领导干部解决后顾之忧，及时纠正创造性落实过程中的失误和教训，促进创新目标实现。

习近平总书记四次视察广东，对广东未来寄予厚望，要求广东要锚定强国建设、民族复兴目标，围绕高质量发展这个首要任务和构建新发展格局这个战略任务，在全面深化改革、扩大高水平对外开放、提升科技自立自强能力、建设现代化产业体系、促进城乡区域协调发展等方面继续走在全国前列，在推进中国式现代化建设中走在前列。

改革、开放、创新是广东推进中国式现代化建设的"三大动力"。要激活改革动力，再造体制机制新优势；激活开放动力，再造发展空间新优势；激活创新动力，再造发展活力新优势。新征程上我们要牢记嘱托、勇毅前行，奋力推动广东在推进中国式现代化建设中走在前列，为强国建设、民族复兴作出新的更大贡献！

后 记

为深入学习宣传贯彻党的二十大精神和中共广东省委十三届三次全会精神，推动"1310"具体部署的全面落实，《奋力建设现代化新广东研究丛书》应运而生。《广东现代化建设的动力研究》是该丛书的第二分册。2023年4月10日至13日，习近平总书记在广东考察时强调，广东是改革开放的排头兵、先行地、实验区，在中国式现代化建设的大局中地位重要、作用突出。要锚定强国建设、民族复兴目标，围绕高质量发展这个首要任务和构建新发展格局这个战略任务，在全面深化改革、扩大高水平对外开放、提升科技自立自强能力、建设现代化产业体系、促进城乡区域协调发展等方面继续走在全国前列，在推进中国式现代化建设中走在前列。

动力是推进中国式现代化建设的关键因素。发展动力决定发展速度、效能、可持续性。改革、开放、创新是广东推进中国式现代化建设的三大动力。鉴于此，本书牢记习近平总书记对广东"走在前列"的殷殷嘱托，分析探讨广东现代化建设三大动力的理论渊源、现实依据、实践逻辑，为推进中国式现代化的广东实践提供理论指导和现实指南。

本书稿由胡莹提出全书构想和各章节的写作提纲。具体分工如下：第一章，刘静婉；第二章，刘铿；第三章，刘颖育；第四章第一节，王娇；第四章第二、三节，方太坤；第五章，王瑜；第六章，钟远鸣。全稿由胡莹进行修改、完善、校对，并由钟远鸣完成最后统稿、定稿工作。

本书的出版得到南方出版传媒、广东人民出版社和中山大学中共党史党建研究院的大力支持，在此深表感谢。在撰写过程中，我们参考了广东现代化建设研究等领域专家学者的研究成果，在此表示谢意。在校对过程中，我们得到了广东人民出版社时政读物出版中心的编辑们的精心指导和帮助，在此谨致谢忱。

胡　莹

2024年6月23日于广州